COLECCIÓ

MW01244643

Antibióticos naturale
Afrodisiacos natural
Artritis
Asma
Cocina naturista para niños
Cúrese a través de la sensualidad
Diabetes
Digitopresión para mujeres
Felices sueños
Herbolaria casera
Herbolaria mexicana
Juguitos para niños
Medicina tradicional mexicana
Meditar para rejuvenecer
Migraña
Mundo vegetariano del Dr. Abel Cruz, El
Naturismo para mujeres
Poder curativo de la manzana, El
Poder curativo de la miel, El
Poder curativo de la papaya, El
Poder curativo de la soya, El
Poder curativo de las semillas , El
Poder curativo de los cereales, El
Poder curativo de los cítricos, El
Poder curativo de los chiles, El
Poder curativo de los hongos, El
Poder curativo de los jugos, El
Poder curativo de los tés, El
Poder curativo del aguacate, El
Poder curativo del ajo
Poder curativo del gingsen, El
Poder curativo del nopal, El
Preguntas y respuestas sobre el sida
Salud con jugos
Salud con jugos II
Salud con licuados
Salud con sábila
Síndrome premenstrual
Terapias curativas con las manos
Tés curativos mexicanos
Voluntad de adelgazar, La

COLECCIONES

Ejecutiva
Superación personal
Salud y belleza
Familia
Literatura infantil y juvenil
Con los pelos de punta
Pequeños valientes
¡Que la fuerza te acompañe!
Juegos y acertijos
Manualidades
Cultural
Medicina alternativa
Computación
Didáctica
New age
Esoterismo
Humorismo
Interés general
Compendios de bolsillo
Aura
Cocina
Tecniciencia
Visual
Arkano
Extassy
Inspiracional
Aprende y dibuja

Dr. Abel Cruz

Juguitos para niños

Doctor Erazo 120
Colonia Doctores Tel. 55 88 72 72
México 06720, D.F. Fax 57 61 57 16

JUGUITOS PARA NIÑOS

Fotografía de portada: Raúl González
Diseño de portada: Raúl González

Copyright © 2001, Selector S.A. de C.V.
Derechos de edición reservados para el mundo

ISBN: 970-643-350-3

Cuarta reimpresión. Diciembre de 2004.

NI UNA FOTOCOPIA MÁS

Características tipográficas aseguradas conforme a la ley.
Prohibida la reproducción parcial o total de la obra
sin autorización de los editores.
Impreso y encuadernado en México.
Printed and bound in Mexico

Contenido

Introducción 7
Capítulo 1
   De tal palo, tal astilla 15
Capítulo 2
   Jugos, juegos y chavos 17
Capítulo 3
   Chiquitos, pero valiosos........................... 21
Capítulo 4
   Grandotes y fuertotototes 39
Capítulo 5
   De batallas y otras guerras en los niños 47
Capítulo 6
   Jugoterapia 87
Capítulo 7
   Jugolandia 147
Capítulo 8
   Desde Besitos hasta Trompadas 165
Capítulo 9
   A, B, C... ¡¡Basta, basta!! 173
Capítulo 10
   Comentario final 185

Introducción

Cualquier persona que se precie de ser *normal* siempre soñará con tener una familia completa, pues ése es el sueño de todos, formar una familia semejante a la que somos parte, y todos –quiero pensar– deseamos tener hijos, pero, ¿cómo queremos que estén esos hijos?, ¿*sanos, desarrollados, enfermos*?

Imaginemos un sueño y observemos a nuestros hijos, llenos de vida y de salud, correteando felices, creciendo de manera adecuada y terminando su crecimiento como todo niño *normal*, creo que siempre será el sueño de todo padre, poder tener una familia sana, pilar de futuras generaciones, que sea capaz de engendrar seres como él, sanos, libres de cualquier enfermedad, y eso, desgraciadamente, al parecer en la actualidad es precisamente un sueño.

Pero ¿por qué ese pesimismo?, ¿por qué ese desánimo que nunca será bueno? Perdónenme por comenzar así este libro que considero cubrirá expectativas de salud para sus hijos, pero, desgraciadamente, en el devenir de mi consulta diaria, en los diferentes foros en los que me presento, me doy cuenta de que la vida de niños y jóvenes va siendo cada vez más complicada, y más triste, y lo peor es que los mismos padres estamos fomentando esta forma despiadada de vivir de nuestros hijos, una forma de dirigirse a la enfermedad por llevar una alimentación *normal*, abundante en alimentos industrializados, alimentos que desgraciadamente ya no pueden ser llamados así porque son verdaderas bombas de enfermedad, sustancias que en lugar de nutrir de manera adecuada a hijos los están llevando por caminos de enfermedad, de cuales difícilmente saldrán bien librados y, por si fuera poco, ellos mismos heredarán a sus propios hijos los hábitos enfermos que son la causa de esas tristes condiciones por las que a diario sufren.

Me dirán, quizás, que se dibuja una carita de alegría en los niños cuando les damos alguna golosina, también cuando permitimos que coman cualquier alimento que se les antoje –pasteles, alimentos chatarra, dulces, etcétera– y lo más importante es que así nos los quitamos de encima, nos dejan en paz y se *divierten*; pero ¿acaso se han preguntado hasta qué punto es conveniente fomentar esa forma criminal de comportarnos con nuestros hijos?, ¿donde es bueno fomentar esa conducta que al final va a dañarnos y hacernos padecer por todas esas enfermedades que heredarán esos hijos de sus padres, de manera intensa y con todas las complicaciones que cada enfermedad tenga?; así que vamos a analizar algunos puntos.

Es necesario que cuando pensemos en tener un hijo estemos conscientes de la responsabilidad que implica traerlo al mundo, no solamente para poder inmortalizar nuestra sangre, o para tener ese hijo que tanto deseamos, sino también por ese enorme compromiso de formar generaciones más fuertes en todos los aspectos, tanto físicos como psicológicos, que les permita desarrollar una forma más fácil de vivir y siempre al total de su capacidad. Es interesante ver cómo la formación de un ser humano dependerá principalmente de factores que al parecer son los más sencillos, que engloban una serie de elementos que a fuerza de ser cotidianos dejan de tener la importancia que deberíamos darles.

Aprender que la alimentación juega un papel primordial en el desarrollo es una doctrina que debemos inculcar a todos, que aprendan que la naturaleza nos brinda el cobijo y alimento adecuado para que todos los seres vivos seamos capaces de aprovechar este hábitat para nuestro bien y no en nuestro perjuicio.

Existen miles de razones que podría darles con relación a por qué se escribe este libro; podría decirles que me simpatizan los niños, que quisiera que lo que leen aquí hubiera sido la forma en que me alimentaron, pero quizás les mentiría; lo que sí les puedo asegurar es que a lo largo de estos 24 años que llevo ejerciendo esta profesión de médico me he dado cuenta de que cada vez es más necesario dar miles de medicamentos a los pacientes que si se hubieran alimentado de manera sana, nunca habría sido necesario darles esas monstruosas cantidades de medicamentos y, además, las condiciones de salud de éstos no serían tan malas como en la actualidad, con lo cual los medicamentos no serían tan importantes como la comida.

Hemos tenido la fortuna de tratar a muchas pacientes durante sus embarazos y las hemos guiado en su alimentación, y finalmente hemos contado con la doble fortuna de que sus hijos sean nuestros pacientes; así hemos comenzado la tarea de ser guía en la medicina preventiva de estos pequeñines. También hemos escrito muchos libros que hablan de los efectos preventivos de la comida, entre los que destacan *Salud con jugos* I y II, así como libros sobre alimentación infantil (*Cocina naturista para niños*) y muchos otros artículos para diferentes revistas y periódicos; sin embargo, muchas personas que nos leen, ven en televisión o escuchan en la radio nos preguntaban por qué no escribíamos un libro sobre jugoterapia para niños ya que las cantidades y las combinaciones no podían aplicarlas a los niños, principalmente porque su sabor era más fuerte y no las toleraban igual sus delicados estómagos; así pues, comenzamos con la tarea de escribir este libro que, como ustedes lo verán más adelante, es una recomendación de jugos no sólo para diferentes enfermedades (como un complemento o prevención), sino también para la conservación de los diferentes órganos y sistemas del cuerpo, así como para que el niño y el joven comiencen a tomarle el sabor a los jugos y a las frutas, y se inicie de esta manera un desarrollo completo e integral de su organismo.

Siempre hemos comentado que cuando los niños consumen frutas y verduras la asimilación de grasas, proteínas y carbohidratos se lleva de manera adecuada, y en esta ocasión las combinaciones que se incluyen están pensadas precisamente para

que la alimentación encuentre las maneras senci-
llas de proveer al cuerpo los elementos necesarios
para su desarrollo, pero además las vitaminas, los
minerales y oligoelementos necesarios para el desarrollo armonioso del sistema glandular que per-
mitirá al joven tener un desarrollo músculo-esque-
lético adecuado, que pulmones, corazón y todo lo
que conforma su estructura física tengan un desarrollo a plenitud, es decir, los conductos adecuados
para que el cuerpo funcione a las mil maravillas.

Seamos conscientes de que acostumbrar a nuestros hijos a llevar una alimentación sana siempre
será una tarea muy difícil de cumplir, pues el bom-
bardeo diario de publicidad deforma la mentali-
dad nutricional de nuestros hijos, y les hace ver de
manera equivocada lo que realmente les beneficia,
y si a esto agregamos lo que escuchan en la calle y
en la escuela, verán que la labor será mil veces más
difícil.

Así que vamos a adentrarnos al mundo de la
salud mediante una alimentación sana, que inclu-
ya hábitos higiénico-dietéticos adecuados para que
la salud de nuestros hijos sea la que nosotros deseamos y podamos darles ese camino al que todos
aspiramos por naturaleza, el camino de la salud.

En este libro también hablaremos de las principales enfermedades que a mi parecer son las más

frecuentes en la infancia; incluiremos los principales síntomas de las mismas, tomando en consideración que siempre será de utilidad consultar con el médico en caso de existir alguna duda al respecto. Cuando ya se esté recibiendo el tratamiento podremos dar libremente las mezclas que aquí recomiendo; verán como la evolución de la enfermedad será menos cruenta y de más rápida resolución en beneficio de nuestro pequeño paciente; entonces, démonos una oportunidad de ver con nuestros propios ojos como van reaccionando las defensas de su cuerpo enfermo y después continuar maravillándonos por cuán fácil fue aumentar su resistencia a las diferentes enfermedades que le aquejaban anteriormente; por consiguiente, les aseguro que su desarrollo será el deseado, dejando que se convierta en realidad el sueño que todos queremos para nuestros hijos: la salud.

Así que vamos ahora a adentrarnos al mundo maravilloso de la salud y la vida, es decir al *mundo Naturista del doctor Abel Cruz.*

Del fruto de su boca el hombre
come lo bueno, pero la mismísima
alma de los que tratan
traidoramente es violencia.

El que vigila su boca está
guardando su alma. El que abre
con anchura sus labios… ruina tendrá.

Proverbios cap. 13 vers. 2, 3

Con infinito amor a mis hermanos

Doctor Abel Cruz

1

De tal palo, tal astilla

Nuestro camino por la vida nos ha enseñado que para estar sanos debemos cuidar nuestra alimentación, realizar ejercicio y mantener una salud mental positiva, sin embargo olvidamos que aunque últimamente estemos llevando una vida muy saludable y ciento por ciento natural, nuestro cuerpo posee genes que nos fueron heredados por nuestros padres y que en ellos se encuentra la información necesaria para definir nuestros rasgos físicos e incluso nuestras enfermedades, y si a eso aunamos que ha sido maltratado incluso desde pequeños porque las condiciones de nuestro hogar no eran muy favorables, ni siquiera para dormir, sí, es duro, pero es la realidad, cuantas veces miramos esas fotografías de cuando éramos pequeños y observamos que fuimos unos niños y adolescentes gorditos o flacuchos, chaparros o larguiruchos, y que hasta pena nos da ver cómo nos vestíamos; pero eso sí, ahora queremos que nuestros cuerpos e hijos sean perfectos y totalmente saludables, porque así lo marca la moda y la sociedad, olvidando que esto no es moda ni se trata de normas sociales, es de convicción personal si se quiere vivir con salud, es tomar la responsabilidad desde que somos pequeños (porque gran razón tiene nuestra madre cuando nos dice que debemos comer las zanahorias si no queremos estar chaparros y usar lentes), o bien desde que se concibe la idea de procrear o criar a los hijos, que en el último caso es pensar en heredar el ejemplo y el valor de nuestra vida no por bienes materiales, sino más bien como lo dice esta frase: "Nuestros hijos son mensajeros que enviamos a tiempos que no veremos, pero en los que estaremos presentes por la riqueza espiritual, cultural y de salud que les hayamos legado", o mejor dicho, que orgullosos de nuestro ejemplo digan: "de tal palo, tal astilla". Deseo que mediten estas frases y después continúen con esta lectura que espero aporte un granito de arena para construir los cimientos de una mejor vida en salud para nosotros mismos y para nuestros futuros niños y adolescentes.

2

Jugos, juegos y chavos

Los avances tecnológicos en el ámbito de la alimentación nos han permitido olvidarnos incluso de preparar nuestro propio jugo natural, un tanto por la falta de tiempo, otro por falta de extractor, otro porque los jugos industrializados son más sabrosos que los tormentos que nos da a beber mamá, etcétera; dicho fenómeno es una costumbre de esta época bajo el eslogan "sólo basta comprarlos en el súper", pero no son los únicos líquidos que compramos ya procesados y que nos llevamos al estómago según para "nutrirnos y refrescarnos", sino también refrescos, algunos de los cuales provocan adicción, y qué decir de jugos y refrescos perfectamente presentados, muy llamativos porque pueden encontrarse envasados en lata, cartón, vidrio, plástico; tan sabrosos y coloridos por sus colorantes y saborizantes artificiales; tan recién hechos por sus conservadores; tan adicionados de vitaminas y minerales sintéticos porque les han quitado sus propiedades naturales; tan caros porque la marca y la publicidad cuestan; tan industrializados porque así lo exige el nuevo milenio; tan galácticos porque los toman los extraterrestres; tan y tan... que olvidamos que un jugo natural de fruta o vegetal hecho en casa no necesita de publicidad, ni de adicionarle nutrientes, ni colorantes, ni saborizantes, ni azúcares, ni conservadores, ni de envasarlo para que realmente halague la vista, pero que además refresque, nutra y cure cualquier cantidad de enfermedades.

Lo anterior ha sido comprobado desde que el hombre descubrió que de las frutas, verduras y raíces se podía obtener un líquido de sabor agradable que además de saciar su sed lo mantenía satisfecho y saludable. Y aunque en algún momento se dudó de esta condición de los jugos, hoy en día son cada vez más las personas que regresan a estos orígenes, principalmente porque cada día se descubren más propiedades benéficas de las frutas y verduras. Tan sólo sus principales elementos son los azúcares, grasas, proteínas, mucilagos, vitaminas, minerales, sustancias antibióticas y demás nutrientes que le permiten al cuerpo mantener alejados síntomas como los calambres, uñas quebradizas, desnutrición, descalcificación, baja estatura y un sinfín de enfermedades, como lo mencionaré más adelante. Los jugos poseen el beneficio de permitirle al organismo aprovechar sus propiedades hasta en 95 por ciento, ya que cuando las frutas o verduras se mastican se obtiene sólo 60 por cieno de su poder debido principalmente a que es necesario invertir más energía a fin de digerirlos, lo que no ocurre con los jugos, pues de su extracción se ha obtenido la savia, por así decirlo, por lo que no es necesario agotar energía necesaria para otros procesos.

Así entonces, aprovechemos las cualidades protectoras y curativas de los jugos naturales preparados en casa y comencemos desde hoy aprender y después a enseñar a nuestros hijos que la jugoterapia es la medicina para un futuro mejor.

Pero también hagamos un pequeño esfuerzo por preparar jugos o refrescos naturales, que también pueden ayudar a acrecentar los lazos de unión y cooperación entre los integrantes de nuestra familia; a partir de hoy invite a sus niños y jóvenes a integrarse y disfrutar de las tareas y actividades de la cocina, y si son pequeños, sobre todo a jugar y preparar jugos, a jugar a escoger en el mercado las mejores frutas y verduras, a jugar limpiándolas y lavándolas, a jugar a preparar jugos y platillos con ellas, a jugar y disponer la mesa, a jugar para simular una gran jungla en donde pueden utilizarse frutas y verduras para formar animales y finalmente que sean utilizadas para preparar un jugo o una ensalada. Por ejemplo, si los niños ya son mayores y poseen una cámara de video, pueden grabar una secuencia de movimientos de estos animales y lograr su primera animación en video (quizás de este intento surja un gran director o productor de cine); otro ejemplo pueden ser unos ratones formados con rábanos con todo y su raíz cortados por la mitad, sus ojos pueden ser dos clavos de olor, sus orejas unas medias rodajas de rábanos y sus bigotes unos palillos, algunos brócolis pueden fungir como árboles; o qué tal el viejo juego de adivinar con los ojos tapados con una mascada qué jugo de fruta o verdura probaron. Otra manera muy sutil de educar, alimentar y jugar con los niños pequeños es decirles que deben comer tal o cual verdura porque nos ayuda a mantenernos fuertes y sanos, por ejemplo, que las zanahorias que odian son muy útiles para la vista, ¿porque acaso han visto a un conejo con lentes?; qué más decir, el chiste es dejar volar la imaginación y permitir que la actividad se torne un juego educativo muy saludable para toda la familia.

3

Chiquitos, pero valiosos

Continuamente escuchamos comentarios sobre las vitaminas y los minerales, observamos que los alimentos de este nuevo milenio vienen adicionados y fortificados con éstos, incluso que hasta las cremas y champús contienen grandes cantidades de nutrientes, bueno, nada más falta que hasta las servilletas de papel vengan adicionadas con calcio y zinc; la guerra entre qué contiene mayores cantidades parece imparable, sin embargo nuestros hijos son quienes terminan pagando las facturas por estos sucesos, y seguirán estas luchas porque han encontrado la manera de atacar y se han aliado incluso con nuestra ignorancia; cierto, han ganado batallas económicas, mas no de salud; se han olvidado de que para que un país continúe siendo productivo económicamente su gente debe estar sana y nutrida, ahí el mayor punto a nuestro favor para retomar e inculcar valores nutricionales mediante los jugos.

Mundialmente se ha llegado al olvido de que la salud no se logra comiendo alimentos chatarra o untándose productos adicionados de vitaminas y minerales cuando tenemos el estómago vacío; se ha olvidado que el abuso de ellos puede ser peligroso para la salud, ya que cuando existe un consumo excesivo de determinada vitamina o mineral se puede producir una deficiencia de otros –un arma de dos filos–; todo lo anterior ha sido como hacernos creer que la salud se vende en las farmacias o almacenes, que viene en presentación de botella, frasco, etcétera, y que si se come mal, no importa porque al rato se pueden tomar 20 pastillas de complementos, brutal, pero hay quienes lo hacen o incluso hasta lo publican.

Tan sólo una diferencia entre los nutrientes de los *productos chatarra adicionados* es que no pueden ser absorbidos tan fácilmente y la gran mayoría se elimina a través de la orina; respecto a los nutrientes naturales, éstos se absorben rápidamente, dan lugar a una infinidad de procesos tanto químicos como físicos en el organismo y sólo un pequeño porcentaje es desechado por la orina. Por ello es necesario recordar siempre la importancia de que tanto niños como adultos eviten esos productos chatarra adicionados de químicos, que se mantengan horarios específicos de alimentación para que se aprovechen todas las sustancias naturales que contengan los alimentos que se ingieran, pero lo más importante: que se coman alimentos ciento por ciento naturales como frutas, verduras, granos integrales, carne magra y productos lácteos, así como beber agua y jugos naturales que contienen, aunque pequeñas, excelentes cantidades de nutrientes como aminoácidos, betacarotenos, antioxidantes, vitaminas A, C, D, E y K, vitaminas del complejo B, minerales como calcio, cobre, cromo, yodo, hierro, magnesio, manganeso, molibdeno, fósforo, potasio, selenio, sodio, zinc; nutrientes que a simple vista no pueden ser observados porque son chiquitos, pero muy valiosos para mantener en perfecta armonía el cuerpo y la salud, tal como se observa en la siguiente tabla.

Nutriente	Poder terapéutico	Mejor fuente	Síntomas de deficiencia
Ácido fólico	Evita algunos tipos de cáncer, combate defectos congénitos, disminuye el riesgo de padecimientos cardiovasculares, protege contra la anemia.	Germen de trigo, hígado, naranja, jugo de naranja, espinacas, huevo, leche, judías, frijol, espárragos y brócoli.	Anemia, palidez, inflamación, irritación en la lengua, confusión, irritabilidad, pérdida de la memoria y el apetito.
Ácido pantoténico	Acelera la curación de las heridas, disminuye los niveles de colesterol y triglicéridos, mejora el rendimiento atlético y alivia dolores artríticos.	Champiñones, brócoli, aguacate, granos integrales, cacahuates, lentejas, almendras, huevo y soya.	Ardor y comezón en dedos, plantas de los pies, fatiga, depresión, insomnio, debilidad muscular y vómito.
Acidofilus	Previene infecciones causadas por hongos, restaura el equilibrio	Yogur y leche.	Infecciones por hongos en mujeres.

			No hay síntomas conocidos.
	bacteriano en el intestino, ayuda a digerir los productos lácteos, combate el cáncer gastrointestinal, controla el nivel de colesterol en la sangre.		
Aminoácidos	Evitan el daño hepático, combaten la depresión y ayudan a mejorar la enfermedad de Raynaud.	Carne con hortalizas y granos.	No hay síntomas conocidos.
Betacarotenos	Impiden algunos tipos de cáncer, protegen contra cardiopatías y estimulan el sistema inmunitario.	Zanahoria, calabaza, camote, espinacas, naranja, duraznos, melón y albaricoques.	No hay síntomas conocidos.
Bioflavonoides	Combaten el cáncer, reducen la inflamación,	Jugos de frutas, cereza, uva, albaricoque, jitomate,	No hay síntomas conocidos.

Nutriente	Poder terapéutico	Mejor fuente	Síntomas de deficiencia
	estimulan el sistema inmunitario y fortalecen los vasos capilares.	papaya, brócoli, cítricos y pimiento verde.	
Biotina	Evita el síndrome de muerte súbita infantil, endurece las uñas, mejora la salud del cabello y de la piel.	Levadura de cerveza, melaza, avena, soya, salvado de trigo, cacahuates, huevos, nueces, lentejas y coliflor.	Inflamación de la piel y la lengua, falta de apetito, depresión y náuseas.
Boro	Mejora la artritis, la vista y la agudeza mental, evita la osteoporosis.	Pera, uva, ciruela, dátiles, cacahuates, leguminosas, manzana, pasitas, maíz y hortalizas.	No hay síntomas conocidos, sin embargo en los animales se afecta su crecimiento.
Calcio	Fortalece los huesos y dientes, combate la osteoporosis, alivia	Yogur, leche, queso, hortalizas con salmón y sardinas con espinacas.	Calambres, contracciones musculares, dolor en

	síntomas menstruales, reduce el riesgo de cáncer colorrectal, evita nacimientos prematuros.		la parte baja de la espalda.
Cobre	Estimula el sistema inmunitario, equilibra los niveles de colesterol, regula la presión arterial, evita la arritmia cardiaca, protege los huesos e impide la anemia.	Nueces, cereza, ostras, champiñones, crustáceos, cereales de granos integrales y gelatina.	Anemia, osteoporosis, decoloración del cabello y de la piel, bajo nivel de glóbulos blancos y daños en el sistema nervioso.
Colina	Mejora la memoria, reduce el colesterol, evita daños hepáticos por alcoholismo, controla los estados de ánimo y es eficaz para tratar el Alzheimer.	Harina de avena, coliflor, col, soya, cacahuate, leche, huevo, algas y chocolate.	No hay síntomas conocidos.

Nutriente	Poder terapéutico	Mejor fuente	Síntomas de deficiencia
Cromo	Protege el corazón y las arterias, impide la diabetes, alivia síntomas de la baja de azúcar en la sangre.	Jugo de uva y naranja, brócoli, levadura de cerveza, carne y granos integrales.	Elevado nivel de insulina, poco colesterol bueno, altos niveles de triglicéridos, obesidad, fatiga, orina frecuente y mucha sed.
Hierro	Mejora el estado de ánimo, evita y trata la anemia, aleja la depresión, mejora el sistema inmunitario y aumenta las defensas.	Semillas de calabaza, tofú, albaricoques secos, papas, chícharos, frijoles, carne magra, pescado y mariscos.	Depresión, letargo, falta de concentración, debilidad, palidez, fatiga, cambios de estado de ánimo e irritabilidad.
Inositol	Protege contra problemas de desarrollo	Frutas secas, frijoles, cereales, semillas y nueces.	No hay síntomas conocidos.

		Diarrea, estreñimiento, irritabilidad, fatiga, debilidad y espasmos musculares.
	en niños prematuros, protege a los diabéticos contra las cataratas, evita complicaciones de la vista por diabetes, reduce el colesterol.	
Magnesio	Baja la presión arterial, reduce la pérdida de hueso, fortalece los músculos, evita los cálculos recurrentes, combate la fatiga crónica, protege contra cardiopatías.	Germen de trigo, semillas de girasol, nueces, granos integrales, tofú, frijoles, almendras tostadas, espinacas cocidas y hortalizas de hojas verdes.
Manganeso	Protege los huesos, contra enfermedades degenerativas y cardiopatías.	Cereales de granos integrales, nueces, frutas y hortalizas verdes.	No hay síntomas conocidos en adultos sin embargo un posible síntoma puede ser un retardo en su desarrollo y

Nutriente	Poder terapéutico	Mejor fuente	Síntomas de deficiencia
			crecimiento.
Molibdeno	Evita las caries dentales e impide algunos tipos de cáncer.	Cereales, leguminosas, leche y lácteos.	Niveles altos de sulfito, bajo ácido úrico y sulfato.
Niacina	Evita el cáncer, disminuye los triglicéridos y reduce el colesterol.	Nueces, carne magra, granos enteros como la avena, hongos cocidos y mantequilla de maní.	Cambios epidérmicos, anemia, depresión, ansiedad y fatiga.
Piridoxina	Fortalece el sistema inmunitario, mantiene saludable el sistema nervioso, disminuye los efectos de la diabetes, evita determinados tipos de cálculos renales, eficaz para tratar el	Nueces, arroz con cascarilla, plátano, cacahuates, atún, carne, pollo, arenque, trigo integral y coliflor.	Anemia, nerviosismo, debilidad, irritabilidad, dificultad para caminar y convulsiones.

	síndrome premenstrual y del túnel del carpo.	
Potasio	Reduce la presión arterial, disminuye el riesgo de cáncer, evita problemas renales, impide cardiopatías y apoplejías.	Jugo de ciruela, zanahoria, jitomate y naranja, papa horneada, plátano, yogur, frutas y verduras al vapor.	Debilidad, confusión, náuseas, pérdida del apetito, temor, apatía, soñolencia, irregularidades cardiacas y conducta irracional.
Riboflavina	Cicatriza las heridas, evita las cataratas en fumadores, combate algunos tipos de cáncer, mejora la memoria.	Yogur, requesón, leche, clara de huevo, carne, pollo, brócoli y espárrago.	Irritación de los labios y grietas en las comisuras, irritación en la lengua, desarrollo retardado en niños, descamación de nariz, boca y genitales.
Selenio	Mejora el estado de	Cereales de granos	Enfermedades

※ CAPÍTULO 3 ※

Nutriente	Poder terapéutico	Mejor fuente	Síntomas de deficiencia
	ánimo, estimula el sistema inmunitario, evita algunos tipos de cáncer, combate afecciones cardiacas y mejora la artritis reumatoide.	integrales, champiñones, nueces, productos lácteos, pescados y mariscos.	cardiacas, crecimiento anormal de las uñas, dolor muscular y debilidad.
Silicio	Previene la obstrucción de las arterias, fortalece los huesos, la piel y las uñas.	Zanahoria, papas, betabel, granos y cereales.	No hay síntomas conocidos.
Tiamina	Alivia la depresión.	Trigo integral, arroz con cascarilla, frijoles, centeno, levadura de cerveza, carne y huevo.	Problemas de la vista, pérdida del equilibrio, náuseas, confusión, entumecimiento de las piernas y falta de

			apetito.
Vitamina A	Acelera la curación de las heridas, estimula el sistema inmunitario, disminuye los efectos del sarampión en niños, ayuda a recuperarse de quemaduras y cirugías, evita la ceguera, mantiene saludable la piel y mejora la vista.	Jugo de jitomate, camote, zanahoria, calabaza, albaricoque, melón, coles verdes cocidas, betabel y espinacas cocidas.	Ceguera nocturna y problemas de la vista.
Vitamina C	Protege el sistema inmunitario, evita algunos tipos de cáncer, combate cardiopatías, reduce el resfriado, protege los ojos de formación de cataratas y baja la presión arterial.	Jugos de cítricos, pimientos verdes y rojos, brócoli, melón y jitomate.	Sangrado de encías, formación de derrames de sangre por el rompimiento de un vaso sanguíneo, protuberancias alrededor de los folículos capilares,

Nutriente	Poder terapéutico	Mejor fuente	Síntomas de deficiencia
			inflamación y dolor en las articulaciones, infecciones frecuentes, fatiga y lenta curación de las heridas.
Vitamina D	Evita el raquitismo, protege contra algunos cánceres, combate la osteoporosis.	Asolearse, atún, salmón.	En niños el raquitismo y en adultos dolor en las costillas, espalda baja, pelvis, piernas, debilidad muscular, fragilidad ósea, empeora la osteoporosis y la pérdida auditiva.
Vitamina E	Fortalece el sistema	Aceites vegetales, semillas	En bebés

inmunitario, detiene las cataratas en los ojos, reduce riesgos de cardiopatías y protege contra el cáncer.	de girasol, huevo, germen de trigo y nueces.	irritabilidad, retención de líquidos y anemia; en adultos alargamiento, inmunidad, pérdida de la capacidad de coordinación y el equilibrio y anemia.
Vitamina K Evita hemorragias cerebrales en niños prematuros y controla el flujo sanguíneo.	Alga marina roja, perejil, espinacas, coles de Bruselas, aceites vegetales, productos lácteos, lechuga, brócoli y col.	Sangrado gastrointestinal o sangrado subcutáneo.
Yodo Evita el bocio e impide el cretinismo.	Espinacas, camarón, langosta, leche y sal yodatada.	Fatiga, resequedad en la piel, aumento de peso, inflamación del cuello e intolerancia al frío.
Zinc Reduce la duración del	Frijoles, nueces, lentejas,	Pérdida del apetito,

Nutriente	Poder terapéutico	Mejor fuente	Síntomas de deficiencia
	resfriado, combate problemas visuales, estimula la curación de las heridas, mantiene el sentido del gusto, mejora y preserva la salud sexual, evita nacimientos prematuros, conserva y mejora la memoria.	germen de trigo, semillas de girasol, garbanzos, leche y carne magra.	deficiencias en el sentido del gusto y el olfato, retardo del crecimiento, disminución de las defensas e inflamación de la piel.

Como se observó en la tabla anterior, no sólo los adultos sufren síntomas graves de deficiencia, sino también nuestros niños; ahora podrán entender el porqué de muchas de sus enfermedades y las de sus hijos; todas esas enfermedades se pueden evitar alimentándose sanamente simplemente porque de esta dieta se logran obtener los suficientes nutrientes naturales y no necesitamos de productos chatarra abundantemente adicionados. Aunque tampoco hay que olvidar que aun cuando se lleve una dieta equilibrada, la tensión física y el estrés pueden acabar incluso con las reservas de vitaminas y minerales, de ahí la importancia de evitar sobre todo la tensión emocional tanto en los adultos como en los niños.

Tan sólo un mineral como el calcio es el más abundante en el cuerpo; imaginen por un momento que sin calcio no tendríamos ni huesos ni dientes, es decir, seríamos como una gelatina o un puré. Sin un aporte suficiente de calcio durante la niñez y la adolescencia los huesos no crecen y no se acumula suficiente para el futuro porque los niveles de calcio son como una cuenta bancaria a la que si no se le abona una buena cantidad, muy pronto el "cobro" de las facturas se iniciará retirando de los huesos mayores cantidades que las depositadas, así entonces, este "pequeño pero valioso" mineral debe ocupar un lugar preponderante tanto para los niños como para los adultos, claro, sin olvidar a los restantes nutrientes que en pequeñas cantidades de vitaminas, minerales y demás sustancias naturales que contienen los alimentos nos ayudan a crecer y mantenernos sanos desde pequeños hasta ser viejitos.

Recordemos que para estar sanos y siempre fuertes y para que nuestros niños y nosotros mismos no suframos fracturas, artritis, osteoporosis, escorbuto, raquitismo, bocio, anemia, pelagra, beriberi, etcétera, no debemos olvidar nunca que nuestra *Sabia Madre Naturaleza* es tan rica en nutrientes *chiquitos pero valiosos* y que desde sus entrañas nos regala frutos de salud como las zanahorias, papas, coles, lechugas, apios, ajos, cebollas, brócoli, berros, espinacas, nabos, pimientos, rábanos, etcétera, con los que se puede preparar una infinidad de jugos.

4

Grandotes y fuertotototes

La importancia del desarrollo y el crecimiento como procesos constantes, se presenta desde la concepción de un nuevo ser hasta su madurez; éstos surgen en un orden que incluye la maduración de los órganos y sistemas, hasta el aumento del tamaño del cuerpo, pero en su conjunto nos llevan a ser grandotes y fuertotototes. Curioso, pero si volvemos la vista podemos ver que muchos de nosotros y de nuestros niños son tan bajitos y menudos, y que ni por comer *productos chatarra adicionados* son fuertotes ni grandotes, sino todo lo contrario, debilotes o chaparrotes; en el caso de los adultos ya no preocupa mucho la estatura y peso porque "así es su cuerpo"; en el caso de los niños "aún les falta para desarrollarse"; sin embargo cuando un niño o adolescente sobrepasa lo común, decimos que es un *niñote*, no deberíamos admirarnos por su buen tamaño y peso, sino más bien avergonzarnos porque nuestros niños no tienen el peso ni estatura tan sólo porque no han tenido el suficiente aporte nutricional que se necesita para crecer adecuadamente, de ahí la importancia de no olvidar que los jugos de frutas y verduras nos pueden aportar las vitaminas, minerales y demás sustancias necesarias, independientemente de que se lleve una dieta equilibrada para que nuestros hijos sean grandotes, fuertotes y sanotes.

Recordemos que son trece las vitaminas, y por lo menos diez los minerales, que son esenciales para la salud y para mantenerse saludables, pero también hay otras razones por las que estas sustancias son necesarias, es decir, para producir múltiples enzimas, hormonas y demás mensajeros químicos que el cuerpo requiere para crecer, curarse a sí mismo, producir energía, desechar los desperdicios y tóxicos acumulados, defenderse de infecciones y en general para mantener la mejor condición física. Por lo cual es necesario tomar cuanto antes las riendas del crecimiento y desarrollo de nuestros niños mediante la siguiente tabla que espero les sea muy útil desde el nacimiento de los mismos hasta que cumplan los diecisiete años.

NIÑOS			NIÑAS		
edad	peso (kilos)	talla (centímetros)	edad	peso (kilos)	talla (centímetros)
Nacimiento	2.53 3.40 4.38	45.6 49.9 54.2	Nacimiento	2.22 3.25 3.98	44.6 49.3 52.9
3 meses	4.38 6.01 7.42	56.2 61.2 65.8	3 meses	4.11 5.41 6.78	55.1 59.6 63.7
6 meses	6.22 7.82 9.46	63.6 67.6 72.1	6 meses	5.81 7.20 8.74	61.6 65.7 70.1
9 meses	7.62 9.28 10.94	68.2 67.6 76.8	9 meses	7.10 8.54 10.11	66.3 70.6 74.8

NIÑOS			NIÑAS		
edad	peso (kilos)	talla (centímetros)	edad	peso (kilos)	talla (centímetros)
1 año	8.38 10.10 11.89	71.7 76.2 81.4	1 año	7.72 9.57 11.29	70.1 74.4 79.2
2 años	10.33 12.57 14.79	81.2 85.6 92.7	2 años	9.72 11.79 14.13	81.6 87.2 90.6
3 años	12.20 14.61 17.35	89.7 95.4 101.9	3 años	11.47 13.95 16.67	89.0 94.5 100.2
4 años	13.66 16.55 19.82	96.3 102.3 109.8	4 años	13.19 15.99 19.39	95.1 101.8 108.4

5 años	15.37 18.70 22.77	102.9 109.3 117.6	5 años	14.61 17.90 21.96	101.4 108.5 115.9
6 años	17.56 20.84 26.17	109.1 116.1 124.8	6 años	16.41 20.12 25.40	107.7 115.1 123.8
7 años	19.33 23.54 30.09	115.1 122.4 131.1	7 años	18.37 22.49 28.93	114.0 121.3 130.4
8 años	21.40 26.30 35.45	120.4 128.3 138.2	8 años	20.41 25.16 33.36	119.3 127.1 137.3
9 años	23.54 29.31 39.37	126.1 134.3 144.5	9 años	22.44 27.95 39.54	125.1 132.6 143.6
10 años	26.09 32.96 44.35	131.3 139.8 149.7	10 años	24.11 31.42 45.41	139.4 138.5 150.3

NIÑOS			NIÑAS		
edad	peso (kilos)	talla (centímetros)	edad	peso (kilos)	talla (centímetros)
11 años	28.74 36.90 61.18	136.1 144.9 156.0	11 años	27.0 35.71 49.94	134.7 144.1 157.9
12 años	31.21 40.37 57.68	140.6 150.3 162.6	12 años	30.17 41.91 59.47	140.6 151.1 164.4
13 años	34.61 46.74 65.54	145.4 157.0 171.3	13 años	33.46 46.54 64.41	146.7 157.4 169.8
14 años	39.27 52.93 73.54	151.7 164.7 178.8	14 años	39.14 50.47 69.79	152.9 161.2 171.4

15 años	46.15	159.5	15 años	43.11	154.9	
	59.87	171.7		52.85	163.0	
	77.25	184.1		71.69	173.0	
16 años	52.8	164.9	16 años	43.45	156.3	
	64.93	176.3		53.85	164.0	
	81.75	185.5		70.82	173.7	
17 años	56.02	168.0	17 años	44.88	156.2	
	68.30	177.5		55.05	164.3	
	84.30	187.4		71.81	175.1	

No dejemos que el médico sea sólo quien se preocupe porque los niños y adolescentes están flacos y chaparros o demasiado gordos y muy altos; es necesario que nosotros los padres, creemos y mantengamos el buen hábito de vigilar sigilosamente cuánto crecen y pesan los hijos, y no dejarlo, si bien les va, a que nos entreguen cada año el examen médico de la escuela para enterarnos sobre su estado físico, o que los parientes, vecinos o la trabajadora social nos llamen la atención porque nuestros hijos no poseen el peso y talla normales de su edad, esto es algo verdaderamente importante y por lo mismo debe tomarse en cuenta, tan sólo porque cuando se descubre que el niño está anémico o que incluso tiene un desorden hormonal puede ser demasiado tarde para salvarle la vida, pero también porque jamás, jamás volverán a ser esos seres tan pequeños que incluso nos daba miedo cargar por temor a lastimarlos, así entonces, qué mejor que empezar ahora y dejarles un legado de medición muy saludable como dicen: "para que algo grande suceda".

5

De batallas y otras guerras en los niños

Cuántas veces se puede ver que un niño o adolescente está pálido u ojeroso, muy delgado, muy gordo, muy bajo o muy alto con respecto a su edad, es flojo, enojón, pero además últimamente es muy distraído, se ve triste, aburrido, fastidiado, se desmaya, padece ataques, se duerme en clase, tiene granos en el cuerpo, le supuran líquidos de los oídos, suda intensamente, tiene manchas en la piel, se le cae el cabello, no juega durante el recreo, se sofoca cuando se ejercita, tiene los ojos con lagañas y enrojecidos, tiene postemillas, dolor en los dientes, tiene cólicos abdominales, respira por la boca, está hinchado, tose frecuentemente, tiene bolas en el cuello, toma actitudes anormales de repente, etcétera, y no parece que a nadie le importe porque al rato se le quita; CUIDADO, pues puede que dentro de su cuerpo se estén librando grandes batallas o incluso guerras entre las defensas naturales de su cuerpo y los terribles virus y bacterias que han encontrado un lugar propicio para albergarse y que poco a poco están minando la salud si no es atendido rápidamente, al grado de que el niño padezca graves enfermedades, algunas de las cuales pueden ser mortales.

Sin embargo, también es cierto que muchos niños y adolescentes son tan hábiles que han aprendido a fingir que están enfermos a fin de evitar ir a la escuela o retirarse a su casa; por eso mismo si le duele el estómago, la cabeza, tiene náuseas o cualquier otro tipo de dolencia, antes de llamar al médico debe averiguarse la razón de su conducta y platicar sobre qué ha comido, si se ha lastimado, en fin, puntos que puedan ayudar a diferenciar si la conducta del niño no es la acostumbrada; si después de esta charla el lugar del dolor varía tanto como la cabeza, en el estómago o en la punta del pie, tenga la certeza de que está poniendo en práctica el viejo truco "estoy muy enfermo".

Volviendo a las posibilidades de que el niño realmente esté sufriendo en su interior una invasión de virus, o que en su defecto ya tenga una enfermedad, éstos pueden ser algunos síntomas de alarma: los síntomas de que se queja son constantes, parece deprimido, pierde el apetito, pierde peso y tiene fiebre. Pero mejor consulte la siguiente guía para conocer diversas enfermedades, síntomas y demás cuidados tanto en los niños como en los adolescentes.

Enfermedad	Síntomas	Cuidados
Adenovirus: puede ser el causante de enfermedades respiratorias y gastrointestinales, sobre todo durante el invierno y la primavera. Se contagia por las vías respiratorias y la contaminación fecal-oral.	⮮ Infección respiratoria superior. ⮮ Conjuntivitis. ⮮ Queratoconjuntivitis. ⮮ Faringitis. ⮮ Fiebre faringoconjuntival. ⮮ Crup. ⮮ Enfermedad similar a la tos ferina. ⮮ Bronquiolitis. ⮮ Neumonía. ⮮ Gastroenteritis. ⮮ Cistitis.	⮮ Debe existir ventilación. ⮮ Restitución de líquidos en caso de gastroenteritis. ⮮ Se dispone de vacunas de adenovirus vivos contra varios serotipos. ⮮ No se automedique. ⮮ Consulte a su médico.
Alergia por alimentos: se debe a una reacción que manifiesta el cuerpo en contra los compuestos de los alimentos. Se manifiesta principalmente en la infancia.	⮮ Ronchas. ⮮ Anafilaxia. ⮮ Angioedema de vías respiratorias superiores. ⮮ Asma grave.	⮮ Eliminar alimentos que produzcan la alergia. ⮮ Elimine el azúcar, colorantes de

	Síntomas	Recomendaciones
	⇨ Urticaria. ⇨ Intolerancia gastrointestinal. ⇨ Rinitis alérgica.	alimentos, chocolate, queso, pescado, mariscos, hígado, leche, cacahuate, huevo, soya y trigo. ⇨ Se administra adrenalina. ⇨ No se automedique. ⇨ Consulte a su médico.
Algodoncillo: afecta sobre todo a los lactantes que se alimentan con biberón y en ocasiones a niños débiles. Infecta la boca, un factor que contribuye es el uso de antibióticos.	⇨ Dolor en la boca. ⇨ Rechazo a la alimentación. ⇨ Lesiones blancas en la mucosa bucal.	⇨ Las lesiones no pueden desprenderse después de que el niño bebe agua. ⇨ Se administra nistatina. ⇨ Consulte a su médico. ⇨ No se automedique.
Amigdalitis: se debe al contagio de un virus que provoca una infección en la garganta. Los niños suelen estar más propensos cuando sus defensas están	⇨ Vesículas y úlceras de color rojo en la garganta. ⇨ Fiebre.	⇨ Evite el contacto con personas con fiebre reumática. ⇨ Se administra

Enfermedad	Síntomas	Cuidados
bajas. Esta enfermedad no es dañina ni contagiosa.		peniclina y clandamicina. ↬ Consulte a su médico. ↬ No se automedique.
Anemia: es un trastorno común en los niños, esto se debe a que el niño necesita mayor cantidad de sustancias para formar sangre y, por tanto, para crecer. Aunque también puede deberse a la constante presencia de infecciones.	↬ Disminución de eritrocitos y hemoglobina. ↬ Palidez. ↬ Debilidad. ↬ Indiferencia. ↬ Irritabilidad. ↬ Retraso del desarrollo. ↬ Insuficiencia cardiaca.	↬ La alimentación balanceada, así como los cuidados, son muy importantes para la estabilización. ↬ Consulte a su médico. ↬ No se automedique.
Artritis crónica juvenil: es una enfermedad poco frecuente en niños menores de 16 años, puede ser causada por un deterioro del sistema inmunitario, o bien por herencia.	↬ Fiebre de 39-40°C. ↬ Articulaciones afectadas en las manos, rodillas, dedos de los pies, hombros y codos en	↬ Cuidar las articulaciones aplicando fisioterapia. ↬ Se administran antiinflamatorios no

Pueden predisponer la presencia de artritis algunos agentes infecciosos.	forma simétrica.	esteroides, sales de oro, penicilamina, metotrexano y corticosteroides. ⇨ Consulte a su médico. ⇨ No se automedique.
Asma: es un trastorno que afecta los bronquios. Los niños suelen manifestar una mayor tendencia a padecerla. No más de la mitad de asmáticos leves superan el trastorno.	⇨ Tos. ⇨ Ruidos en las vías respiratorias altas. ⇨ Respiración corta. ⇨ Opresión torácica. ⇨ Mucosa viscosa.	⇨ Este trastorno es crónico, con síntomas que quizá sólo sean esporádicos. ⇨ Los adolescentes son un grupo en riesgo especial. ⇨ Se administran broncodilatadores, así como fármacos antiinflamatorios. ⇨ Consulte a su médico. ⇨ No se automedique.
Bacteriemia: suele presentarse en	⇨ Fiebre	⇨ Se administra

Enfermedad	Síntomas	Cuidados
niños mayores de un mes, su causa es el *S. Pneumoniae*.		vancomicina. ↪ Consulte a su médico. ↪ No se automedique.
Bocio: es un trastorno raro en niños y adolescentes, sin embargo se debe a una tiroiditis linfocítica crónica, también puede resultar de inflamación aguda, deficiencia de yodo, neoplasias, ingestión de bociógenos o un error innato del metabolismo de la tiroides.	↪ Nódulos en el cuello. ↪ Engrosamiento del cuello.	↪ Incluya en su alimentación sal yodatada. ↪ Se administra solución saturada de yoduro de potasio. ↪ Consulte a su médico. ↪ No se automedique.
Bronquitis: es una enfermedad de los bronquios que afecta casi a todos los niños y adultos, cuando es causada por virus se alivia en una o dos semanas, sin embargo cuando se torna crónica puede durar meses.	↪ Membranas mucosas irritadas. ↪ Flema abundante. ↪ Opresión y silbido en el pecho. ↪ Escalofríos. ↪ Fatiga.	↪ Evite que fumen cerca del enfermo. ↪ Beba abundantes líquidos. ↪ Utilice un vaporizador para ayudar a aflojar la mucosidad.

	⮡ Fiebre ligera.	⮡ Consulte a su médico. ⮡ No se automedique.
Brucelosis o fiebre de Malta: es una enfermedad aguda, el inicio es gradual e insidioso, se transmite por contacto directo con animales enfermos, tejidos, leche o quesos no pasteurizados de vacas y cabras enfermas.	⮡ Fiebre leve por la tarde, pero después se eleva. ⮡ Pérdida de peso. ⮡ Como enfermedad crónica: fiebre ligera, sudor, malestar, artralgia, depresión, leucopenia y hepatosplenomegalia.	⮡ Es necesario pasteurizar la leche y los productos lácteos. ⮡ Se administran tetraciclinas. ⮡ Consulte a su médico. ⮡ No se automedique.
Candidiasis: se debe a la proliferación de *Candida albicans* y otras especies que se encuentran en la flora normal de las mucosas, en las vías respiratorias, gastrointestinales y genitales femeninas; produce lesiones locales y de estos sitios se puede diseminar.	⮡ Piel erosionada, húmeda, caliente en áreas como los glúteos y la entrepierna, la boca y la vagina.	⮡ Conservar secas las lesiones locales. ⮡ Consulte a su médico. ⮡ No se automedique.

Enfermedad	Síntomas	Cuidados
Catarro: es una enfermedad infecciosa más frecuente en los niños, ya que pueden presentar hasta doce resfriados por año. Las infecciones de las vías respiratorias superiores se deben a más de 200 virus distintos, entre ellos rinovirus, coronavirus, adenovirus, virus de influenza, virus de parainfluenza, virus sincitial respiratorio y coxsackievirus.	↪ Congestión nasal. ↪ Fiebre. ↪ Laringitis leve. ↪ Tos. ↪ Nariz, garganta y membranas rojas e inflamadas.	↪ Los antihistamínicos no son eficaces para aliviar los síntomas del resfriado. ↪ Los antibióticos no previenen la infección y no deben usarse. ↪ Vigilancia médica a fin de evitar bronquitis o neumonía. ↪ No se automedique.
Cefalea: es frecuente en los niños, principalmente en 40% de todos los menores de siete años de edad. Los problemas emocionales pueden disparar una cefalea. Las cefaleas por migraña duran casi de 2 a 6 horas, su frecuencia puede variar de una a unas cuantas por año.	↪ Pérdida del apetito. ↪ Malestar gastrointestinal. ↪ Náuseas. ↪ Vómito. ↪ Mareos. ↪ Vértigo. ↪ Fotofobia.	↪ Se recomienda dormir o el reposo. ↪ Consulte a su médico. ↪ No se automedique.

Cólico: es un trastorno que ocurre en los lactantes sanos. Suele presentarse a los 10 días de edad y durar hasta los tres meses. El llanto suele llenar el estómago y los intestinos con aire, esto origina un dolor tipo cólico y expulsión de gas por el recto. Una alergia intestinal a la proteína de la leche de vaca puede ser el causante del cólico que se acompaña de emesis y diarrea.	➥ Llanto prolongado de más de tres horas por día. ➥ Aparente molestia. ➥ Hambre verdadera.	➥ Consulte a su médico. ➥ Evite la succión continua del chupón y mamila. ➥ Se administran en raras ocasiones antihistamínicos, antiespasmódicos y antiácidos. ➥ No se automedique.
Conjuntivitis: es la inflamación de la capa mucosa del ojo. Puede deberse a diferentes causas.	➥ Ojo rojo. ➥ Picazón. ➥ Prurito. ➥ Quemazón. ➥ Dolor. ➥ Sensación arenosa. ➥ Secreción purulenta, acuosa o mucoide.	➥ Se administran antibióticos en gotas o en ungüentos. ➥ Consulte a su médico. ➥ No se automedique.
Convulsiones: son un trastorno	➥ Convulsión aislada o	➥ Se administra

Enfermedad	Síntomas	Cuidados
pasajero de la función cerebral por una descarga neuronal anormal del cerebro, pueden ser causadas por un tumor cerebral, ictus, traumatismo craneal, infecciones, lesión obstétrica, enfermedades degenerativas, trastornos metabólicos y genéticos, malformaciones cerebrales, así como abstinencia a medicamentos, drogas o alcohol y toxinas.	repetitiva regularmente. ⮑ Pérdida de la conciencia. ⮑ Incontinencia urinaria. ⮑ Contracción abrupta de músculos.	carbamacepina, ácido valproico, clonacepam, diacepam, loracepam, etosuximida, fenitoína, fenobarbital y primidona. ⮑ Consulte a su médico. ⮑ No se automedique.
Dermatitis (eccema): es una inflamación crónica de la piel, ya sea en mejillas, cuero cabelludo, tronco, extremidades, cuello, muñecas, manos, pies, área del pañal, etcétera.	⮑ Inflamación en la piel. ⮑ Agrietamiento. ⮑ Enrojecimiento. ⮑ Dolor.	⮑ Deben evitarse irritantes. ⮑ Hidratar la piel. ⮑ Se administran corticosteroides. ⮑ Consulte a su médico.
Deshidratación: puede deberse a la pérdida excesiva de líquidos por la	⮑ Pérdida de peso. ⮑ Pulso y presión arterial baja.	⮑ Debe valorarse el estado de hidratación de todo niño enfermo.

presencia de enfermedades gastrointestinales y por la exposición excesiva al sol.	⮩ Lagrimeo. ⮩ Ojos hundidos. ⮩ Piel marchita. ⮩ Mucosas resecas.	⮩ Acuda inmediatamente a su centro de salud para que sea atendido lo más pronto posible. ⮩ Consulte a su médico. ⮩ No se automedique.
Diarrea: es un síntoma frecuente en los niños, cuando es aguda suele ser infecciosa. La diarrea puede ser causada por enfermedades virales bacterianas y parasitarias.	⮩ Heces acuosas.	⮩ Consulte a su médico. ⮩ Puede existir riesgo de deshidratación, principalmente en lactantes.
Difteria: se contagia por gotitas de saliva infectadas del virus *Bacillus diphteriae*. Existen tres clases de difteria: faríngea, nasal y laríngea.	⮩ Malestar. ⮩ Vómitos. ⮩ Dolor de cabeza. ⮩ Fiebre ligera. ⮩ Enrojecimiento de la laringe. ⮩ Ronquera. ⮩ Tos seca.	⮩ Debe mantenerse aislada a la persona y no acudir a la escuela. ⮩ Se administra antitoxina diftérica y antibióticos. ⮩ Consulte a su médico. ⮩ No se automedique.

Enfermedad	Síntomas	Cuidados
Diabetes juvenil: ocurre por una predisposición genética, por factores ambientales como virus o sustancias químicas y por un componente inmunitario.	➱ Pérdida gradual de la insulina. ➱ Sed. ➱ Frecuencia urinaria. ➱ Problemas con la vejiga. ➱ Pérdida de peso. ➱ Pérdida de energía. ➱ Náuseas. ➱ Vómitos. ➱ Aliento dulce. ➱ Respiraciones profundas. ➱ Coma.	➱ Consulte a su médico. ➱ Vigile la dieta alimenticia. ➱ No se automedique.
Enfermedades estafilócocicas: son causadas por microorganismos llamados estafilococos, suelen manifestarse principalmente en personas con alteraciones inmunitarias y pacientes con	➱ Gastroenteritis. ➱ Disentería. ➱ Colitis. ➱ Artritis. ➱ Abscesos. ➱ Gastritis.	➱ Consulte a su médico. ➱ No se automedique.

catéteres. Estos microorganismos son comunes en el ambiente y se encuentran de manera normal en la nariz y en la piel. Pueden originar una infinidad de enfermedades.	➭ Úlcera duodenal o gástrica. ➭ Fiebre. ➭ Meningitis. ➭ Deshidratación. ➭ Convulsiones. ➭ Dolor abdominal. ➭ Impétigo. ➭ Diarrea. ➭ Anorexia. ➭ Osteomilitis. ➭ Vómito. ➭ Bacteriemia. ➭ Eritema nodoso.	➭ Consulte a su médico. ➭ No se automedique.
Enfermedades por estreptococos: se refiere a una infinidad de enfermedades que experimentan principalmente los niños. Se contagian de una persona a otra por secreciones respiratorias.	➭ Infección en recién nacidos: apnea, neumonía, sepsis, meningitis, celulitis, bacteriemia, artritis séptica y osteomilitis. ➭ Infección en niños	

Enfermedad	Síntomas	Cuidados
	pequeños: fiebre reumática, nefritis, fiebre escarlatina. ⮩ Infección en niños mayores: temperatura mayor a 39°C; garganta irritada, amigdalitis, fiebre escarlatina, faringitis. ⮩ Infección en la piel: heridas, erisipela, edemas, eritemas y celulitis.	
Eritema infeccioso: es una enfermedad contagiosa leve con poca fiebre.	⮩ Exantema en mejillas y oídos. ⮩ Palidez en mejillas. ⮩ Prurito. ⮩ Cefalea. ⮩ Artralgia.	⮩ Consulte a su médico. ⮩ No se automedique.

Escarlatina: se le llama así por el color escarlata que toma la piel. Se transmite por el *Streptococus escaltatinae*, se contagia de un niño enfermo a otro sano al principio de la enfermedad.	⇨ Dolor de cabeza. ⇨ Vómitos. ⇨ Amígdalas inflamadas. ⇨ Erupción cutánea. ⇨ Manchas rojas pequeñas. ⇨ Círculo alrededor de la boca y la nariz.	⇨ Debe evitarse usar las cosas de uso personal del niño. ⇨ Se administra penicilina V. ⇨ Consulte a su médico. ⇨ No se automedique.
Estomatitis aftosa: se refiere a las erosiones recurrentes en encías, labios, lengua, paladar y mucosa bucal, puede confundirse con el herpes simple.	⇨ Aftas.	⇨ Consulte a su médico. ⇨ No se automedique.
Estreñimiento: es un síntoma muy recurrente en los niños enfermos. Puede deberse a una obstrucción intestinal, baja movilidad intestinal, debilidad, absceso, trastornos deshidratantes, etcétera.	⇨ Dolor al defecar. ⇨ Heces duras. ⇨ Esfuerzo excesivo para defecar.	⇨ Lo más recomendable es que el niño acuda tres veces al día al baño. ⇨ Se administran laxantes. ⇨ Consulte a su médico.

Enfermedad	Síntomas	Cuidados
Faringitis: puede ser causada por una infección estreptocócica, cuando no se trata puede originar glomerulonefritis, fiebre reumática aguda y otras enfermedades.	ꙮ Respiración bucal. ꙮ Irritación continua de la garganta.	ꙮ Se administra penicilina V potásica. ꙮ Consulte a su médico. ꙮ No se automedique.
Fiebre recurrente: es un trastorno que se manifiesta principalmente en áreas montañosas.	ꙮ Fiebre súbita. ꙮ Escalofrío. ꙮ Taquicardia. ꙮ Náuseas. ꙮ Vómito. ꙮ Cefaleas. ꙮ Hepatosplenomegalia. ꙮ Artralgia. ꙮ Tos.	ꙮ Evite el contacto con piojos, garrapatas, roedores y pequeños mamíferos. ꙮ Consulte a su médico. ꙮ No se automedique.
Fracturas: en niños son más	ꙮ Lesión en hombro,	ꙮ Consulte a su médico.

Descripción	Síntomas	Recomendaciones
habituales las fracturas que las lesiones en los ligamentos, debido a que las articulaciones suelen ser más fuertes que los discos de crecimiento.	muñeca, dedos, codos, pie, clavícula y húmero.	⮱ No se automedique.
Gingivoestomatitis: es una infección bucal típica en niños pequeños. Afecta la parte interna de los labios, lengua y en especial las encías. Se cura de manera espontánea y cicatriza en una o dos semanas.	⮱ Vesículas y úlceras en encías, paladar y mucosas bucales. ⮱ Dolor. ⮱ Hemorragia. ⮱ Fiebre.	⮱ Evite la deshidratación. ⮱ Consulte a su médico. ⮱ No se automedique. ⮱
Gripe o influenza: puede ser esporádica, endémica, epidémica y pandémica. Puede manifestarse como un resfriado grave hasta ser una gripe fulminante. Se transmite por diversos virus, se contagia por entrar en contacto con gotas infectadas de gérmenes del enfermo y por algunos cambios del tiempo.	⮱ Fiebre repentina hasta 39.4 a 40°C. ⮱ Malestar extremo. ⮱ Dolor en el cuerpo. ⮱ Dolor de cabeza. ⮱ Tos seca. ⮱ Congestión nasal.	⮱ Debe abstenerse de estar cerca de las corrientes de aire. ⮱ Al estornudar utilizar un pañuelo desechable y tirarlo en el cesto de la basura. ⮱ Beber muchos líquidos. ⮱ No llevarse las manos a

Enfermedad	Síntomas	Cuidados
		la boca ni a la nariz cuando esté comiendo. ↳ Lavarse las manos. ↳ Abrigarse apropiadamente. ↳ Consulte a su médico. ↳ No se automedique.
Hantavirus: causan la fiebre hemorrágica con síndrome renal y síndrome pulmonar por hantavirus. Los agentes causales infectan a roedores y a mamíferos pequeños, se adquiere por contacto con secreciones infectadas y excretadas.	↳ Fiebre hemorrágica coreana. ↳ Nefropatía epidémica. ↳ Enfermedad similar al resfriado. ↳ Edema pulmonar. ↳ Insuficiencia respiratoria.	↳ Consulte a su médico. ↳ Evite el contacto con roedores y pequeños mamíferos. ↳ No se automedique.
Hepatitis viral: se refiere al contagio con virus de la hepatitis A, B, D, C y E. Su contagio puede deberse a	↳ Hepatitis A: fiebre, ictericia, anorexia, náuseas, vómito, dolor	↳ Consulte a su médico. ↳ No se automedique.

distintos agentes, ya sea por alimentos contaminados, sangre infectada, contagio por secreciones mucosas y heridas abiertas.	abdominal y hepatomegalia. ⮦ Hepatitis B: fiebre, ictericia, anorexia, náuseas, malestar, exantema, artralgias o artritis. ⮦ Hepatitis Delta: coinfectar o agravar la enfermedad aguda o crónica en personas con hepatitis B. ⮦ Hepatitis C: enfermedad leve, ictericia, mal estado en general. ⮦ Hepatitis E: ictericia, mal estado en general, fiebre, dolor abdominal y artralgias.	
Herpes simple: produce una infección	⮦ Vesículas y úlceras en	⮦ Se administra

Enfermedad	Síntomas	Cuidados
primaria. Puede existir recurrencia por la presencia de fiebre, traumatismo, estrés, etcétera. los virus del herpes afectan principalmente la boca, se transmite por saliva o gotitas del aparato respiratorio.	encías, paladar, mucosas bucales, dedos, genitales, córnea, piel, etcétera. ↳ Dolor. ↳ Hemorragia. ↳ Fiebre.	clindamicina. ↳ Las personas susceptibles deben evitar el contacto con lesiones abiertas. ↳ Consulte a su médico.
Hipoglucemia: Se refiere a la baja de azúcar en la sangre, ésta puede manifestarse por la omisión de alguna comida o por ingerir alimentos después de cinco horas, diabetes mellitus, insuficiencia hepática o cardiaca, cirrosis, septicemia, déficit hormonal, consumo de fármacos, alcohol, insuficiencia renal, etcétera.	↳ Tipo 1: ansiedad, temblores, sudoración, hambre, irritabilidad, palpitaciones. ↳ Tipo 2: cefaleas, alteraciones visuales, cognitivas, conductuales, convulsiones y coma.	↳ Se debe llevar acabo una alimentación rica en proteínas y baja en carbohidratos dividida en seis comidas al día. ↳ Consulte a su médico. ↳ No se automedique.
Hipotermia: se define como la baja	↳ Escalofrío.	↳ Puede sobrevenir la

de la temperatura, es decir que sea menor de 35°C. Puede deberse a la inmersión en agua fría, por sepsis, encefalopatía estática, ingestiones y trastornos metabólicos.	ᗧ Disminución de la temperatura. ᗧ Pupilas dilatadas y fijas. ᗧ No hay pulso. ᗧ Respiración perceptible.	muerte. ᗧ Consulte a su médico. ᗧ No se automedique.
Impétigo: es causado por estafilococos y estreptococos, consiste en una invasión superficial de bacterias hasta la parte superior de la epidermis con la formación de una llaga subcorneal.	ᗧ Erosiones recubiertas por costras de color miel.	ᗧ Se administran antibióticos tópicos y penicilina. ᗧ Consulte a su médico. ᗧ No se automedique.
Influenza: es una enfermedad viral aguda que suele ocurrir en epidemias.	ᗧ Fiebre repentina hasta 39-40°C. ᗧ Tos seca. ᗧ Congestión nasal. ᗧ Malestar extremo. ᗧ Dolor en el cuerpo. ᗧ Cefalea. ᗧ Irritabilidad notable.	ᗧ Evite el contagio. ᗧ Se administra amantadina y rimantidina. ᗧ Consulte a su médico. ᗧ No se automedique.

Enfermedad	Síntomas	Cuidados
Insolación: se debe principalmente a la sobreexposición a los rayos solares y el no reemplazar los líquidos que se pierden al sudar.	⇨ Deshidratación. ⇨ Sed extrema. ⇨ Pérdida del apetito. ⇨ Dolor de cabeza. ⇨ Fatiga. ⇨ Mareo. ⇨ Náuseas. ⇨ Vómito. ⇨ Ritmo cardiaco acelerado. ⇨ Falta de concentración.	⇨ Descansar bajo la sombra. ⇨ Beba abundantes líquidos como agua y jugos de frutas. ⇨ Coma mucha fruta y verduras. ⇨ Consulte a su médico. ⇨ No se automedique.
Juanetes: en los adolescentes suele presentarse por la desviación lateral del dedo gordo, esta lesión es dolorosa cuando se utiliza calzado justo.	⇨ Prominencia de la cabeza del primer metatarsiano.	⇨ Consulte al ortopedista.
Lupus eritematoso: es una enfermedad multisistémica	⇨ Fiebre. ⇨ Exantema.	⇨ Cuidado, puede sobrevenir la muerte.

progresiva y se presenta principalmente en mujeres.	⇨ Artralgia. ⇨ Artritis. ⇨ Dolor en el cuerpo. ⇨ Fatiga. ⇨ Debilidad. ⇨ Pérdida de peso.	⇨ Consulte a su médico. ⇨ No se automedique.
Mastoiditis: es una infección en el hueso temporal que se ubica detrás de las orejas; es raro que se manifieste antes de los dos años de edad. Puede ser causada por una infección con estreptococos o por *Herpes influenzae*, bacilos, micobacterias, etcétera.	⇨ Dolor posaricular. ⇨ Fiebre. ⇨ Área mastoide enrojecida e hinchada. ⇨ Hipersensibilidad de la mastoide. ⇨ Hinchazón por encima del oído.	⇨ Se administra antibioticoterapia intravenosa. ⇨ Consulte a su médico. ⇨ No se automedique.
Mononucleosis infecciosa: se presenta en adolescentes con amigdalitis exudativa.	⇨ Amigdalitis. ⇨ Adenitis cervical generalizada. ⇨ Fiebre.	⇨ Se administra tratamiento antiviral. ⇨ Consulte a su médico. ⇨ No se automedique.
Neumonía: suele presentarse por el	⇨ Taquipnea.	⇨ La neumonía causa la

Enfermedad	Síntomas	Cuidados
Streptococcus pneumoniae, es una infección que se disemina por gotitas respiratorias.	⇨ Disnea. ⇨ Tos. ⇨ Fiebre.	mayor parte de las muertes por tos ferina. ⇨ Consulte a su médico. ⇨ No se automedique.
Osteomilitis: es un proceso infeccioso que suele iniciarse en el hueso esponjoso o medular y extenderse hasta abarcar hueso compacto, es más habitual en niños que en niñas. Su antecedente puede ser un traumatismo, el microorganismo infectante es el *Staphylococcus aureus*.	⇨ Extremidades inferiores afectadas. ⇨ Irritabilidad. ⇨ Diarrea. ⇨ Hipersensibilidad. ⇨ Dolor intenso. ⇨ Fiebre alta o ligeramente baja.	⇨ Inmovilización del miembro afectado con férula. ⇨ Consulte inmediatamente a su médico. ⇨ No se automedique.
Otitis: es una inflamación de la piel que recubre el conducto auditivo externo. La causa más frecuente es la acumulación de agua en el oído, aunque también por traumatismos	⇨ Dolor en el oído. ⇨ Prurito intenso. ⇨ Conducto externo hinchado.	⇨ Consulte al otorrinolaringólogo. ⇨ No se automedique.

causados por usar indebidamente hisopos o tapones para el oído mal ajustados, dermatitis por contacto, perfumes o gotas para los oídos, etcétera.		
Paludismo: es una enfermedad que se caracteriza por fiebre aguda o crónica, es causada por virus como el que causa la malaria. Se transmite por la picadura del mosco hembra *Anopheles*.	⇨ Fiebre hasta 39-40°C. ⇨ Convulsiones. ⇨ Escalofríos. ⇨ Diarrea. ⇨ Vómito. ⇨ Ictericia. ⇨ Palidez. ⇨ Letargo. ⇨ Irritabilidad. ⇨ Anorexia.	⇨ Es importante el tratamiento con líquidos por vía oral. ⇨ Debe controlarse la fiebre alta. ⇨ Debe tratarse la anemia por hierro. ⇨ Consulte a su médico. ⇨ No se automedique.
Paperas: es sumamente contagiosa antes de que aparezcan los síntomas de la infección, aunque también lo es después que desaparecen éstos.	⇨ Inflamación en las parótidas. ⇨ Dolor de oído. ⇨ Un poco de fiebre.	⇨ Las complicaciones pueden ser muy graves para los niños. ⇨ Debe mantenerse aislada a la persona

Enfermedad	Síntomas	Cuidados
		hasta después de unos días de la curación. 🖎 Consulte a su médico. 🖎 No se automedique.
Peritonitis: es la inflamación del peritoneo y es una afección dolorosa y grave.	🖎 Dolor intenso.	🖎 Se administra penicilina. 🖎 Consulte a su médico. 🖎 No se automedique.
Pie plano: es un trastorno normal en los lactantes, sin embargo es frecuente que por el uso de tenis o zapato plano se desarrolle una mala alineación del pie.	🖎 Dolor en la pantorrilla o en la pierna.	🖎 Consulte al ortopedista.
Piojos: pueden contagiar la cabeza o la ropa, y pueden transmitir enfermedades como el tifo recurrente. El contagio es directamente por usar	🖎 Lesiones en la piel por rascarse. 🖎 Liendres en la parte de la nuca.	🖎 Es necesario supervisar la higiene tanto personal como de los objetos que se usan

cepillos, gorros, ropa de cama, etcétera., que estén contaminados de piojos. Su recurrencia puede deberse a la falta de higiene y un descuido personal.		en la casa. ⇨ El despiojamiento es sumamente importante y el rapado. ⇨ Consulte a su médico.
Pólipos: es un tumor blando, fibroso, que nace en las mucosas de la nariz.	⇨ Masas gelatinosas brillantes de color rojo grisáceo.	⇨ Son características de la rinitis alérgica y la fibrosis quística. ⇨ Consulte a su médico. ⇨ No se automedique.
Psoriasis: es una enfermedad de la piel que se manifiesta por manchas y descamación.	⇨ Tumores eruptivos en la piel. ⇨ Inflamación. ⇨ Escamas blancas gruesas.	⇨ Se necesita lavar el cabello a diario con champú hasta que se reduzca la descamación. ⇨ Visite al dermatólogo. ⇨ No se automedique.
Púrpuras: se define así la manera característica por tumores grandes	⇨ Múltiples hematomas grandes y	⇨ Las compresas de agua fría pueden detener la

Enfermedad	Síntomas	Cuidados
provocados por un golpe, o bien una anormalidad del sistema vascular.	sobresalientes.	hemorragia. ↳ Consulte a su médico. ↳ No se automedique.
Queratoconjuntivitis: puede ser una infección primaria o recurrente provocada por el virus del herpes simple tipo 1, en ocasiones origina opacidad y deterioro de la visión o ceguera.	↳ Lesiones en el epitelio corneal.	↳ Consulte a su médico. ↳ No se automedique.
Reflujo: es habitual en menores de seis meses de edad. Es común el reflujo en niños con problemas físicos y neurológicos, y en quienes padecen escoliosis grave.	↳ Flujo con contenido gástrico con fuerza variable. ↳ Vómito. ↳ Salivación.	↳ Si el vómito es grave, puede haber neumonía por aspiración, esofagitis, estrechez esofágica y desnutrición. ↳ Consulte a su médico.
Rinitis alérgica: es una enfermedad	↳ Congestión nasal	↳ La rinitis puede ser un

que se manifiesta estacionalmente o episódicamente por la presencia de polen, moho, etcétera.	crónica o recurrente. ↪ Prurito nasal. ↪ Estornudo con exudado seroso mucoide. ↪ Comezón ocular con o sin lagrimeo. ↪ Pólipos nasales.	factor de riesgo de otitis media crónica o recurrente. ↪ Se administran descongestionantes, antihistamínicos, esteroides nasales y anticolinérgicos. ↪ Consulte a su médico. ↪ No se automedique.
Roséola: es una enfermedad contagiosa en lactantes y niños pequeños. Puede ser causada por el herpesvirus humano 6 y otras enfermedades con fiebre.	↪ Calentura alta durante cuatro días. ↪ Catarro. ↪ Tos. ↪ Gripe. ↪ Brusco descenso de calentura. ↪ Erupciones. ↪ Dolor. ↪ Inquietud. ↪ Lagrimeo.	↪ Baños de esponja con agua templada para reducir las molestias. ↪ Consulte a su médico. ↪ No se automedique.

Enfermedad	Síntomas	Cuidados
Rotavirus: son virus que se relacionan clínicamente con una enfermedad diarreica, son la causa más frecuente de gastroenteritis.	☞ Vómito. ☞ Diarrea acuosa. ☞ Fiebre ligera. ☞ Tos. ☞ Rinorrea. ☞ Deshidratación. ☞ Acidosis.	☞ El tratamiento con líquidos es esencial para prevenir y tratar la deshidratación.
Rubéola: es una infección con fiebre leve que ocurre como epidemia, es probable que se transmita por gotitas de saliva.	☞ Dolor en el cuello. ☞ Inflamación de ganglios. ☞ Sudor intenso. ☞ Enrojecimiento de la cara. ☞ Erupciones parecidas al sarampión. ☞ Catarro nasal.	☞ Debe mantenerse aislado al enfermo desde el inicio. ☞ Consulte a su médico. ☞ No se automedique.
Sarampión: es una enfermedad muy contagiosa, es frecuente en niños de	☞ Fiebre alta. ☞ Faringitis.	☞ Ingerir vitamina A. ☞ Aislar al enfermo.

Enfermedad	Síntomas	Recomendaciones
cinco y siete años de edad. Se transmite por el aire y de persona a persona, o bien por el contacto con objetos del enfermo.	⇨ Tos seca. ⇨ Síntomas catarrales. ⇨ Puntos blancos finos. ⇨ Erupciones en todo el cuerpo. ⇨ Conjuntivitis no purulenta.	⇨ Consulte a su médico. ⇨ No se automedique.
Sarna: es una enfermedad cutánea producida por un ácaro, el *Sarcoptes scabiei*; aparece en distintos puntos del cuerpo, aunque especialmente en los pies y manos, entre los dedos. Se transmite directamente por el contacto directo con perros, gatos y niños infectados, así como por el uso de ropa parasitada.	⇨ Ámpulas y vesículas transparentes. ⇨ Comezón. ⇨ Excoriaciones. ⇨ Costras morenas.	⇨ Higiene extrema. ⇨ Consulte a su médico. ⇨ No se automedique.
Tétanos: es una enfermedad aguda, es causada por el microorganismo *Clostridium tetani*, ataca los nervios motores y las células de la médula	⇨ Contracciones musculares dolorosas en espalda y abdomen. ⇨ Inquietud.	⇨ Conserve al enfermo en una habitación oscura y tranquila. ⇨ Se administra

Enfermedad	Síntomas	Cuidados
espinal y el tallo cerebral. La infección se contrae por contaminación de una herida por un filo oxidado.	✍ Irritabilidad. ✍ Tensión muscular. ✍ Cuello rígido. ✍ Incapacidad para abrir la boca. ✍ Deglución difícil. ✍ Fiebre baja.	inmunoglobulina para tétanos. ✍ Consulte a su médico. ✍ No se automedique.
Tiñas: son enfermedades parasitarias debidas a diversos hongos que se ubican en el pelo de la cabeza, en las uñas y en la piel. Se contagia por uso de sombreros, gorras, peines, chales, pasadores, peinetas, etcétera, y aun cuando el aire está cargado de polvo fávico.	✍ Tiña de la cabeza: cabellos rotos, gruesos, hinchazón, descamación del cuero cabelludo. ✍ Tiña del cuerpo: tumores eruptivos en la piel con un centro escamoso delgado y claro. ✍ Tiña en las uñas: aflojamiento de la uña,	✍ Los niños deben abstenerse de ir a la escuela hasta su completa curación. ✍ Higiene personal extrema. ✍ Evitar utilizar utensilios de otras personas. ✍ Beber leche entera para absorber rápidamente los

		antibióticos administrados.
	coloración amarilla, engrosamiento, descamación, se afecta una o dos uñas.	ꙩ Consulte a su médico.
	ꙩ Tiña versicolor: manchas hipopigmentadas, conectadas, escamas muy finas.	ꙩ No se automedique.
Tiroides: Es una glándula que segrega una hormona que controla el metabolismo y el crecimiento. La excesiva producción y liberación de hormonas tiroideas origina el hipertiroidismo que produce un aumento del metabolismo, en ocasiones se acompaña de trastornos oculares, esta enfermedad es más frecuente en mujeres jóvenes. Otra enfermedad de la tiroides es el hipotiroidismo	ꙩ Hipertiroidismo: hiperactividad, nerviosismo, irritabilidad, palpitaciones, sudoración, intolerancia al calor, aumento del apetito, fatiga, pérdida de peso, debilidad, defecación frecuente y anomalías	ꙩ Consulte a su médico. ꙩ No se automedique.

Enfermedad	Síntomas	Cuidados
que se debe al déficit de estas hormonas.	menstruales. ✤ Hipotiroidismo: estados de letargo, fatiga, intolerancia al frío, estreñimiento, alteraciones mentales, anomalías menstruales, aumento de peso, piel seca, pérdida de peso y parastesias.	
Tos ferina: es una enfermedad contagiosa, es causada por el *Bacillus pertussis*, se transmite por gotitas de saliva, a través del aire y por el contacto de manos contaminadas. Se producen ataques de tos de cinco hasta cuarenta veces, empeora por la noche.	✤ Tos seca, cortada. ✤ Catarro. ✤ Ronquera. ✤ Tos más intensa. ✤ Fatiga al toser. ✤ Inspiración con diez o doce accesos. ✤ Estridor o alarido	✤ Debe aislarse al enfermo durante cinco o seis semanas. ✤ Se aplica vacuna de antipertusis para aumentar el número de anticuerpos en la sangre.

	felino. ↳ Cara congestionada. ↳ Ojos desencajados. ↳ Sudor. ↳ Moco viscoso. ↳ Vómitos.	↳ Se administra eritromicina. ↳ Consulte a su médico. ↳ No se automedique.
Tuberculosis: es una enfermedad infecciosa y contagiosa debida al bacilo de Koch, la tuberculosis pulmonar es la más frecuente y es la causa de mayor mortalidad en todo el mundo. El contagio es a través de gotitas respiratorias.	↳ Formación de tubérculos o nódulos en pulmones, vértebras, piel, riñones, meninges e intestinos.	↳ Evite el contagio. ↳ Consulte a su médico. ↳ No se automedique.
Urticaria: es un trastorno que se caracteriza por múltiples eritemas de tamaño variable, pueden ser alérgicas o no alérgicas. Los agentes pueden ser alergia a medicamentos y alimentos, por la exposición al aire y agua fría, por una afección pulmonar,	↳ Ronchas.	↳ Evite cualquier alergeno anterior. ↳ Se administran antihistamínicos H1. ↳ Consulte a su médico. ↳ No se automedique.

Enfermedad	Síntomas	Cuidados
por picadura de insecto o por golpes.		
Varicela: los niños en edad escolar son más propensos a contagiarse, es originada por un virus, es extremadamente contagiosa, las costras de las vesículas transportan indudablemente el virus. Se transmite por contacto directo con los enfermos y por el uso de objetos de una tercera persona.	↪ Calentura ligera. ↪ Aparición de una o más vesículas en el tronco, cara, cuello y cuero cabelludo. ↪ Aureolas rojas. ↪ Secan rápidamente. ↪ Descamación a los seis o diez días. ↪ Malestar al dormir.	↪ Debe aislarse a la persona hasta su total curación. ↪ Dar a beber jugos. ↪ Alimentación libre de grasas. ↪ Consulte a su médico. ↪ No se automedique.
Viruela: es una enfermedad muy contagiosa, se transmite por contacto directo con el enfermo, probablemente por las vías respiratorias, por el contacto con secreciones del enfermo, por usar sus	↪ Dolor intenso de cabeza y espalda. ↪ Catarro. ↪ Vómitos. ↪ Temperatura alta ↪ Manchas en todo el	↪ Es contagiosa durante toda su evolución y al menos durante cuarenta días, desde su comienzo. ↪ Consulte a su médico.

utensilios de cocina, ropa contaminada, moscas, etcétera.	cuerpo del tamaño de un alfiler. ↪ Llagas. ↪ Enrojecimiento de la zona. ↪ Secreción purulenta. ↪ Hundimiento. ↪ Costras de color oscuro, casi negro. ↪ Cicatrices indelebles con hundimiento.	↪ No se automedique.
Vómito: es un síntoma común inespecífico de toda la niñez y se relaciona con una gran variedad de enfermedades, puede manifestarse también por el uso de fármacos.	↪ Contenido gástrico. ↪ Fuerza variable en el arqueo.	↪ Consulte a su médico. ↪ No se automedique.

6

Jugoterapia

Los siguientes jugos, además de ser eficaces para curar una afección en particular, también se pueden tomar como bebidas para complementar la dieta durante todo el año, lo que indudablemente beneficiará la salud.

Los niños muy pequeños deben tomar sólo 145 mililitros de jugo de una sola fruta o verdura (manzana, naranja, pera, albaricoque, piña, frambuesa, fresa, zanahoria, apio, mandarina, jitomate, sandía, pepino, toronja, mango) y diluirlo en 50 por ciento con agua mineral.

Los niños mayores deben tomar sólo un vaso de 145 mililitros de cualquier combinación de jugos al día; respecto a la siguiente jugoterapia, en el caso de no tener algún ingrediente, sustitúyalo por otro que iguale su poder nutritivo y terapéutico (consulte la tabla de nutrientes); cuando el sabor del jugo no sea muy agradable agregue un chorrito de agua mineral para diluir un poco la mezcla; después de los catorce años los niños deben tomar el jugo sin diluir (agua mineral) y no sobrepasar los dos vasos al día. En este capítulo de jugoterapia encontrarán que en algunas enfermedades se recomienda algún postre, esto es con el fin de ayudar a complementar el tratamiento –además de que el niño se familiarizará con distintos sabores–, así como enriquecer aún más sus aportes nutricionales.

Antes de proseguir recuerde que es mejor un jugo recién preparado que uno que ha sido elaborado algunas horas antes; que es mejor utilizar frutas y verduras frescas que aquellas marchitas y de aspecto no muy firme; que es necesario lavar y después desinfectar las verduras y las frutas que sólo lavarlas o limpiarlas con un trapo; que es mejor disponer todo lo que se vaya a utilizar para preparar el jugo que andar buscando todo a la mera hora; que es mejor servir el jugo en vasos transparentes y decorados con frutas como kiwi, carambolo o cerezas que en vasos oscuros y sin chiste.

La cantidad de jugo que se obtiene de las siguientes mezclas es de un vaso de aproximadamente 145 mililitros. En algunos casos se recomiendan hasta tres jugos distintos, varíelos de acuerdo al gusto del niño. También se indica en algunas enfermedades un postre, éste debe comerse una vez a la semana con el fin de aportar más nutrientes, así como enriquecer el gusto por alimentos sabrosos y muy saludables.

Nota: La siguiente jugoterapia es eficaz siempre y cuando se complemente con los cuidados terapéuticos, higiénicos y nutricionales que le recomiende su médico.

Alergias

JUGO
$\frac{1}{2}$ vaso de jugo de betabel
$\frac{1}{2}$ vaso de jugo de zanahorias
6 nueces picadas

Se extrae rápidamente cada jugo con ayuda de un extractor, después se mezclan perfectamente con los ingredientes restantes con ayuda de una cuchara o licuadora y se da a beber inmediatamente al niño. Se toma una vez al día, o bien se reparte en dos tomas al día y se bebe durante 20 días.

JUGO
2 cdas. de alfalfa
$\frac{1}{2}$ vaso de jugo de toronja
$\frac{1}{2}$ vaso de jugo de piña

Se extrae rápidamente cada jugo con ayuda de un extractor, después se mezclan perfectamente con los ingredientes restantes con ayuda de una cuchara o licuadora y se da a beber inmediatamente al niño. Se toma una vez al día, o bien se reparte en dos tomas al día y se bebe durante 20 días.

Amígdalas

JUGO
$\frac{1}{2}$ vaso de jugo de piña
$\frac{1}{4}$ de vaso de jugo de manzana
$\frac{1}{4}$ de vaso de jugo de apio
2 cdas. de miel

Se extrae rápidamente cada jugo con ayuda de un extractor, después se mezclan perfectamente con los ingredientes restantes con ayuda de una cuchara o licuadora y se da a beber inmediatamente al niño. Se toma una vez al día, o bien se reparte en dos tomas al día y se bebe durante 20 días.

JUGO
$\frac{1}{4}$ de vaso de jugo de lima
$\frac{1}{2}$ de vaso de jugo de naranja
$\frac{1}{4}$ de vaso de jugo de tangerina

Se extrae rápidamente cada jugo con ayuda de un extractor, después se mezclan perfectamente con los ingredientes restantes con ayuda de una cuchara o licuadora y se da a beber inmediatamente al niño. Se toma una vez al día, o bien se reparte en dos tomas al día y se bebe durante 20 días.

POSTRE
1 dulce de miel

Anemia simple

JUGO
$\frac{1}{2}$ vaso de jugo de zanahorias
$\frac{1}{2}$ vaso de jugo de hinojo
$\frac{1}{2}$ vaso de jugo de betabel

Se extrae rápidamente cada jugo con ayuda de un extractor, después se mezclan perfectamente con los ingredientes restantes con ayuda de una cuchara o licuadora y se da a beber inmediatamente al niño. Se toma una vez al día, o bien se reparte en dos tomas al día y se bebe durante 20 días.

JUGO
$\frac{1}{4}$ de vaso de jugo de moras

½ vaso de jugo de fresas
¼ de vaso de jugo de manzana

Se extrae rápidamente cada jugo con ayuda de un extractor, después se mezclan perfectamente con los ingredientes restantes con ayuda de una cuchara o licuadora y se da a beber inmediatamente al niño. Se toma una vez al día, o bien se reparte en dos tomas al día y se bebe durante 20 días.

JUGO
½ vaso de jugo de frambuesas negras
½ vaso de jugo de frambuesas rojas

Se extrae rápidamente cada jugo con ayuda de un extractor, después se mezclan perfectamente con los ingredientes restantes con ayuda de una cuchara o licuadora y se da a beber inmediatamente al niño. Se toma una vez al día, o bien se reparte en dos tomas al día y se bebe durante 20 días.

POSTRE
1 rebanada de alegría

Artritis

JUGO
$^3/_4$ de vaso de jugo de cerezas
$^1/_4$ de vaso de jugo de manzana

Se extrae rápidamente cada jugo con ayuda de un extractor, después se mezclan perfectamente con los ingredientes restantes con ayuda de una cuchara o licuadora y se da a beber inmediatamente al niño. Se toma una vez al día, o bien se reparte en dos tomas al día y se bebe durante 20 días.

Asma

JUGO
$^1/_2$ vaso de jugo de toronja
$^1/_8$ de vaso de jugo de rábano
$^1/_8$ de vaso de jugo de lechuga
$^1/_4$ de vaso de jugo de limón
$^1/_8$ de vaso de jugo de zanahoria

Se extrae rápidamente cada jugo con ayuda de un extractor, después se mezclan perfectamente con los ingredientes restantes con ayuda de una cuchara o licuadora y se da a beber inmediatamente al niño. Se toma

una vez al día, o bien se reparte en dos tomas al día y se bebe durante 20 días.

JUGO
$\frac{1}{2}$ vaso de jugo de moras
$\frac{1}{2}$ vaso de jugo de fresas
$\frac{1}{4}$ de vaso de jugo de naranja

Se extrae rápidamente cada jugo con ayuda de un extractor, después se mezclan perfectamente con los ingredientes restantes con ayuda de una cuchara o licuadora y se da a beber inmediatamente al niño. Se toma una vez al día, o bien se reparte en dos tomas al día y se bebe durante 20 días.

POSTRE
1 caramelo de miel

Baja azúcar en sangre

JUGO
$\frac{1}{4}$ de vaso de jugo de frambuesas rojas
$\frac{1}{4}$ de vaso de jugo de frambuesas negras
$\frac{1}{2}$ vaso de jugo de zarzamoras

Se extrae rápidamente cada jugo con ayuda de un extractor, después se mezclan perfectamente con los ingredientes restantes con ayuda de una cuchara o licuadora y se da a beber inmediatamente al niño. Se toma una vez al día, o bien se reparte en dos tomas al día y se bebe durante 20 días.

POSTRE
1 borrachito

Bocio

1   cda. de algas kelp
½ vaso de jugo de zanahoria
1   ramita de perejil
½ varita de apio

Se extrae rápidamente cada jugo con ayuda de un extractor, después se mezclan perfectamente con los ingredientes restantes con ayuda de una cuchara o licuadora y se da a beber inmediatamente al niño. Se toma una vez al día, o bien se reparte en dos tomas al día y se bebe durante 20 días.

POSTRE
1 tarugo salado

Bronquitis

JUGO

¼ de vaso de jugo de rábano
¼ de vaso de jugo de limón
½ vaso de jugo de piña
2 cdas. de miel

Se extrae rápidamente cada jugo con ayuda de un extractor, después se mezclan perfectamente con los ingredientes restantes con ayuda de una cuchara o licuadora y se da a beber inmediatamente al niño. Se toma una vez al día, o bien se reparte en dos tomas al día y se bebe durante 20 días.

JUGO

½ vaso de jugo de piña
½ vaso de jugo de mango
3 ciruelas pasas hidratadas picadas

Se extrae rápidamente cada jugo con ayuda de un extractor, después se mezclan perfectamente con los ingredientes restantes con ayuda de una cuchara o licuadora y se da a beber inmediatamente al niño. Se toma una vez al día, o bien se reparte en dos tomas al día y se bebe durante 20 días.

JUGO
½ vaso de jugo de zanahoria
¼ de vaso de jugo de cebolla
¼ de vaso de jugo de brócoli

Se extrae rápidamente cada jugo con ayuda de un extractor, después se mezclan perfectamente con los ingredientes restantes con ayuda de una cuchara o licuadora y se da a beber inmediatamente al niño. Se toma una vez al día, o bien se reparte en dos tomas al día y se bebe durante 20 días.

POSTRE
1 rebanadita de ate de guayaba

Cabellos resecos y opacos

JUGO
½ vaso de jugo de mandarina
½ vaso de jugo de frambuesas
5 nueces picadas

Se extrae rápidamente cada jugo con ayuda de un extractor, después se mezclan perfectamente con los ingredientes restantes con ayuda de una cuchara o licuadora y se da a beber inmediatamente al niño. Se toma

una vez al día, o bien se reparte en dos tomas al día y se bebe durante 20 días.

JUGO
$\frac{1}{2}$ vaso de jugo de zanahoria
$\frac{1}{4}$ de vaso de jugo de rábano
$\frac{1}{4}$ de vaso de jugo de col

Se extrae rápidamente cada jugo con ayuda de un extractor, después se mezclan perfectamente con los ingredientes restantes con ayuda de una cuchara o licuadora y se da a beber inmediatamente al niño. Se toma una vez al día, o bien se reparte en dos tomas al día y se bebe durante 20 días.

POSTRE
1 copita de frutas en almíbar

Calambres

JUGO
$\frac{3}{4}$ de vaso de jugo de cerezas
$\frac{1}{4}$ de vaso de jugo de manzana

Se extrae rápidamente cada jugo con ayuda de un extractor, después se mezclan perfectamente con los

ingredientes restantes con ayuda de una cuchara o licuadora y se da a beber inmediatamente al niño. Se toma una vez al día, o bien se reparte en dos tomas al día y se bebe durante 20 días.

JUGO
$^{3}/_{4}$ de vaso de jugo de fresas
$^{1}/_{4}$ de vaso de jugo de guayaba

Se extrae rápidamente cada jugo con ayuda de un extractor, después se mezclan perfectamente con los ingredientes restantes con ayuda de una cuchara o licuadora y se da a beber inmediatamente al niño. Se toma una vez al día, o bien se reparte en dos tomas al día y se bebe durante 20 días.

POSTRE
1 dulce de queso

Catarro

JUGO
$^{1}/_{2}$ vaso de jugo de papaya
$^{1}/_{2}$ vaso de jugo de piña
$^{1}/_{2}$ vaso de jugo de toronja
1 cda. de miel

Se extrae rápidamente cada jugo con ayuda de un extractor, después se mezclan perfectamente con los ingredientes restantes con ayuda de una cuchara o licuadora y se da a beber inmediatamente al niño. Se toma una vez al día, o bien se reparte en dos tomas al día y se bebe durante 20 días.

JUGO
$\frac{1}{2}$ vaso de jugo de betabel
$\frac{1}{4}$ de vaso de jugo de zanahoria
$\frac{1}{4}$ de vaso de jugo de pepino

Se extrae rápidamente cada jugo con ayuda de un extractor, después se mezclan perfectamente con los ingredientes restantes con ayuda de una cuchara o licuadora y se da a beber inmediatamente al niño. Se toma una vez al día, o bien se reparte en dos tomas al día y se bebe durante 20 días.

POSTRE
1 dulce de miel

Ceguera nocturna

JUGO
$\frac{1}{4}$ de vaso de jugo de berros
$\frac{1}{2}$ vaso de jugo de zanahoria
$\frac{1}{4}$ de vaso de jugo de apio

Se extrae rápidamente cada jugo con ayuda de un extractor, después se mezclan perfectamente con los ingredientes restantes con ayuda de una cuchara o licuadora y se da a beber inmediatamente al niño. Se toma una vez al día, o bien se reparte en dos tomas al día y se bebe durante 20 días.

POSTRE
1 rollito de guayaba

Cólera

JUGO
$\frac{3}{4}$ de vaso de jugo de membrillo
1 cda. de almendras molidas

Se extrae rápidamente cada jugo con ayuda de un extractor, después se mezclan perfectamente con los ingredientes restantes con ayuda de una cuchara o li-

cuadora y se da a beber inmediatamente al niño. Se toma una vez al día, o bien se reparte en dos tomas al día y se bebe durante 20 días.

Crecimiento atrofiado

JUGO
$\frac{1}{4}$ de vaso de jugo de coles de Bruselas
$\frac{1}{2}$ vaso de jugo de zanahoria
$\frac{1}{4}$ de vaso de jugo de lechuga
1 cda. de perejil

Se extrae rápidamente cada jugo con ayuda de un extractor, después se mezclan perfectamente con los ingredientes restantes con ayuda de una cuchara o licuadora y se da a beber inmediatamente al niño. Se toma una vez al día, o bien se reparte en dos tomas al día y se bebe durante 20 días.

POSTRE
1 cocada

Deficiencias glandulares

JUGO
¼ de vaso de jugo de brotes de frijol
½ vaso de jugo de manzana
¼ de vaso de jugo de papaya
¼ de plátano

Se extrae rápidamente cada jugo con ayuda de un extractor, después se mezclan perfectamente con los ingredientes restantes con ayuda de una cuchara o licuadora y se da a beber inmediatamente al niño. Se toma una vez al día, o bien se reparte en dos tomas al día y se bebe durante 20 días.

POSTRE
1 rebanada de jamoncillo

Dermatitis

JUGO
½ vaso de jugo de zanahoria
½ vaso de jugo de manzana
½ vaso de jugo de chabacanos

Se extrae rápidamente cada jugo con ayuda de un extractor, después se mezclan perfectamente con los ingredientes restantes con ayuda de una cuchara o licuadora y se da a beber inmediatamente al niño. Se toma una vez al día, o bien se reparte en dos tomas al día y se bebe durante 20 días.

POSTRE
1 pepitoria

Deshidratación

JUGO
$3/4$ de vaso de jugo de papaya
$1/4$ de vaso de jugo de mango
$1/2$ cda. de jugo de lima

Se extrae rápidamente cada jugo con ayuda de un extractor, después se mezclan perfectamente con los ingredientes restantes con ayuda de una cuchara o licuadora y se da a beber inmediatamente al niño. Se toma una vez al día, o bien se reparte en dos tomas al día y se bebe durante 20 días.

Desnutrición

JUGO
½ vaso de jugo de betabel
¼ de vaso de agua mineral
1 cápsula de alga corela
1 cápsula de alga kelp

Se extrae rápidamente cada jugo con ayuda de un extractor, después se mezclan perfectamente con los ingredientes restantes con ayuda de una cuchara o licuadora y se da a beber inmediatamente al niño. Se toma una vez al día, o bien se reparte en dos tomas al día y se bebe durante 20 días.

JUGO
½ aguacate
¼ de vaso de jugo de jitomate
4 gotas de jugo de limón

Se extrae rápidamente cada jugo con ayuda de un extractor, después se mezclan perfectamente con los ingredientes restantes con ayuda de una cuchara o licuadora y se da a beber inmediatamente al niño. Se toma una vez al día, o bien se reparte en dos tomas al día y se bebe durante 20 días.

POSTRE
2 orejones

Diabetes

JUGO
$\frac{1}{2}$ vaso de jugo de col blanca
$\frac{1}{4}$ de vaso de jugo de col morada
$\frac{1}{4}$ de vaso de jugo de apio

Se extrae rápidamente cada jugo con ayuda de un extractor, después se mezclan perfectamente con los ingredientes restantes con ayuda de una cuchara o licuadora y se da a beber inmediatamente al niño. Se toma una vez al día, o bien se reparte en dos tomas al día y se bebe durante 20 días.

Diarrea

JUGO
$\frac{1}{4}$ de vaso de jugo de papaya
$\frac{1}{4}$ de vaso de jugo de piña

Se extrae rápidamente cada jugo con ayuda de un extractor, después se mezcian perfectamente con los ingredientes restantes con ayuda de una cuchara o li-

cuadora y se da a beber inmediatamente al niño. Se toma una vez al día, o bien se reparte en dos tomas al día y se bebe durante 20 días.

Disentería

JUGO
$\frac{1}{2}$ vaso de jugo de betabel
$\frac{1}{4}$ de vaso de jugo de piña
$\frac{1}{4}$ de vaso de jugo de papaya

Se extrae rápidamente cada jugo con ayuda de un extractor, después se mezclan perfectamente con los ingredientes restantes con ayuda de una cuchara o licuadora y se da a beber inmediatamente al niño. Se toma una vez al día, o bien se reparte en dos tomas al día y se bebe durante 20 días.

Dolor de cabeza

JUGO
$\frac{1}{2}$ vaso de jugo de manzana
$\frac{1}{8}$ de vaso de jugo de alcachofa
$\frac{1}{8}$ de vaso de jugo de apio

Se extrae rápidamente cada jugo con ayuda de un extractor, después se mezclan perfectamente con los ingredientes restantes con ayuda de una cuchara o licuadora y se da a beber inmediatamente al niño. Se toma una vez al día, o bien se reparte en dos tomas al día y se bebe durante 20 días.

JUGO
$3/4$ de vaso de jugo de mandarina
$1/4$ de vaso de jugo de guayaba

Se extrae rápidamente cada jugo con ayuda de un extractor, después se mezclan perfectamente con los ingredientes restantes con ayuda de una cuchara o licuadora y se da a beber inmediatamente al niño. Se toma una vez al día, o bien se reparte en dos tomas al día y se bebe durante 20 días.

POSTRE
1 vinito (dulce tradicional)

Eccema

JUGO
$1/2$ vaso de jugo de apio
$1/4$ de vaso de jugo de zanahoria

¹/₈ de vaso de jugo de acelga
¹/₈ de vaso de jugo de pepino

Se extrae rápidamente cada jugo con ayuda de un extractor, después se mezclan perfectamente con los ingredientes restantes con ayuda de una cuchara o licuadora y se da a beber inmediatamente al niño. Se toma una vez al día, o bien se reparte en dos tomas al día y se bebe durante 20 días.

Estreñimiento

JUGO
¹/₄ de vaso de jugo de zanahoria
¹/₂ vaso de jugo de manzana
¹/₂ vaso de yogur natural

Se extrae rápidamente cada jugo con ayuda de un extractor, después se mezclan perfectamente con los ingredientes restantes con ayuda de una cuchara o licuadora y se da a beber inmediatamente al niño. Se toma una vez al día, o bien se reparte en dos tomas al día y se bebe durante 20 días.

JUGO
³/₄ de vaso de jugo de pera

¼ de vaso de jugo de uvas

Se extrae rápidamente cada jugo con ayuda de un extractor, después se mezclan perfectamente con los ingredientes restantes con ayuda de una cuchara o licuadora y se da a beber inmediatamente al niño. Se toma una vez al día, o bien se reparte en dos tomas al día y se bebe durante 20 días.

Exceso de peso

JUGO
¼ de vaso de jugo de betabel
¼ de vaso de jugo de espinacas
¼ de vaso de jugo de apio
1 cda. de miel

Se extrae rápidamente cada jugo con ayuda de un extractor, después se mezclan perfectamente con los ingredientes restantes con ayuda de una cuchara o licuadora y se da a beber inmediatamente al niño. Se toma una vez al día, o bien se reparte en dos tomas al día y se bebe durante 20 días.

JUGO
½ vaso de jugo de grosellas
¼ de vaso de jugo de durazno

Se extrae rápidamente cada jugo con ayuda de un extractor, después se mezclan perfectamente con los ingredientes restantes con ayuda de una cuchara o licuadora y se da a beber inmediatamente al niño. Se toma una vez al día, o bien se reparte en dos tomas al día y se bebe durante 20 días.

Falta de peso

JUGO
½ vaso de jugo de zanahoria
½ vaso de jugo de alfalfa

Se extrae rápidamente cada jugo con ayuda de un extractor, después se mezclan perfectamente con los ingredientes restantes con ayuda de una cuchara o licuadora y se da a beber inmediatamente al niño. Se toma una vez al día, o bien se reparte en dos tomas al día y se bebe durante 20 días.

POSTRE
1 dulce de camote

Fatiga

JUGO

¼ de vaso de jugo de naranja
¼ de vaso de jugo de manzana
¼ de vaso de jugo de limón
¼ de vaso de jugo de lechuga

Se extrae rápidamente cada jugo con ayuda de un extractor, después se mezclan perfectamente con los ingredientes restantes con ayuda de una cuchara o licuadora y se da a beber inmediatamente al niño. Se toma una vez al día, o bien se reparte en dos tomas al día y se bebe durante 20 días.

POSTRE
1 torreja en almíbar

Fiebre

JUGO

½ vaso de jugo de cítricos
¼ de vaso de jugo de uva
¼ de vaso de jugo de apio

Se extrae rápidamente cada jugo con ayuda de un extractor, después se mezclan perfectamente con los ingredientes restantes con ayuda de una cuchara o licuadora y se da a beber inmediatamente al niño. Se toma una vez al día, o bien se reparte en dos tomas al día y se bebe durante 20 días.

Fiebre tifoidea

1 vaso de jugo de arándanos

Se extrae rápidamente el jugo con ayuda de un extractor y se da a beber inmediatamente al niño. Se toma una vez al día, o bien se reparte en dos tomas al día y se bebe hasta que se retiren los síntomas.

Flora destruida por antibióticos

JUGO
½ vaso de jugo de manzana
½ vaso de jugo de papaya
½ vaso de yogur natural

Se extrae rápidamente cada jugo con ayuda de un extractor, después se mezclan perfectamente con los

ingredientes restantes con ayuda de una cuchara o licuadora y se da a beber inmediatamente al niño. Se toma una vez al día, o bien se reparte en dos tomas al día y se bebe durante 20 días.

Fortalecer huesos y dientes

JUGO
$\frac{1}{4}$ de vaso de jugo de apio
$\frac{1}{4}$ de vaso de jugo de berros
$\frac{1}{4}$ de vaso de jugo de perejil

Se extrae rápidamente cada jugo con ayuda de un extractor, después se mezclan perfectamente con los ingredientes restantes con ayuda de una cuchara o licuadora y se da a beber inmediatamente al niño. Se toma una vez al día, o bien se reparte en dos tomas al día y se bebe durante 20 días.

Fortalecer la vista

JUGO
$\frac{1}{2}$ vaso de jugo de toronja
$\frac{1}{2}$ vaso de jugo de mango
$\frac{1}{2}$ vaso de jugo de pera

Se extrae rápidamente cada jugo con ayuda de un extractor, después se mezclan perfectamente con los ingredientes restantes con ayuda de una cuchara o licuadora y se da a beber inmediatamente al niño. Se toma una vez al día, o bien se reparte en dos tomas al día y se bebe durante 20 días.

POSTRE
1 rebanada de peronate

Fracturas

JUGO
¼ de vaso de jugo de endibia
¼ de vaso de jugo de achicoria
¼ de vaso de jugo de col

Se extrae rápidamente cada jugo con ayuda de un extractor, después se mezclan perfectamente con los ingredientes restantes con ayuda de una cuchara o licuadora y se da a beber inmediatamente al niño. Se toma una vez al día, o bien se reparte en dos tomas al día y se bebe durante 20 días.

POSTRE
1 manzana al horno

Fuegos

JUGO

$\frac{1}{2}$ vaso de jugo de zanahoria

$\frac{1}{2}$ vaso de jugo de betabel con todo y hojas

$\frac{1}{8}$ de vaso de jugo de ajo

1 cda. de miel

Se extrae rápidamente cada jugo con ayuda de un extractor, después se mezclan perfectamente con los ingredientes restantes con ayuda de una cuchara o licuadora y se da a beber inmediatamente al niño. Se toma una vez al día, o bien se reparte en dos tomas al día y se bebe durante 20 días.

POSTRE

1 limón con coco

Fuerza y vitalidad

JUGO

$\frac{1}{4}$ de vaso de jugo de fresas

$\frac{1}{4}$ de vaso de jugo de albaricoques

$\frac{1}{4}$ de vaso de jugo de frambuesas

$\frac{1}{4}$ de vaso de yogur

1 cdta. de germen de trigo

1 cdta. de miel

Se extrae rápidamente cada jugo con ayuda de un extractor, después se mezclan perfectamente con los ingredientes restantes con ayuda de una cuchara o licuadora y se da a beber inmediatamente al niño. Se toma una vez al día, o bien se reparte en dos tomas al día y se bebe durante 20 días.

JUGO
$\frac{1}{4}$ de vaso de jugo de piña
$\frac{1}{4}$ de vaso de jugo de mango
$\frac{1}{2}$ plátano cortado en cuadritos
$\frac{1}{2}$ vaso de yogur
1 cdta. de miel
1 cdta. de coco rallado

Se extrae rápidamente cada jugo con ayuda de un extractor, después se mezclan perfectamente con los ingredientes restantes con ayuda de una cuchara o licuadora y se da a beber inmediatamente al niño. Se toma una vez al día, o bien se reparte en dos tomas al día y se bebe durante 20 días.

POSTRE
1 palanqueta

Gastritis

JUGO

½ vaso de jugo de ciruela
½ plátano
2 ciruelas pasas hidratadas

Se extrae rápidamente cada jugo con ayuda de un extractor, después se mezclan perfectamente con los ingredientes restantes con ayuda de una cuchara o licuadora y se da a beber inmediatamente al niño. Se toma una vez al día, o bien se reparte en dos tomas al día y se bebe durante 20 días.

Gingivitis

JUGO

¾ de vaso de jugo de fresas
¼ de vaso de jugo de frambuesas

Se extrae rápidamente cada jugo con ayuda de un extractor, después se mezclan perfectamente con los ingredientes restantes con ayuda de una cuchara o licuadora y se da a beber inmediatamente al niño. Se toma una vez al día, o bien se reparte en dos tomas al día y se bebe durante 20 días.

Gripe

JUGO
1/4 de vaso de jugo de zanahoria
1/4 de vaso de jugo de apio
1/4 de vaso de jugo de lechuga
1/4 de vaso de jugo de berros

Se extrae rápidamente cada jugo con ayuda de un extractor, después se mezclan perfectamente con los ingredientes restantes con ayuda de una cuchara o licuadora y se da a beber inmediatamente al niño. Se toma una vez al día, o bien se reparte en dos tomas al día y se bebe durante 20 días.

JUGO
1/2 vaso de jugo de kiwi
1/2 vaso de jugo de manzana
1/4 de vaso de jugo de uvas

Se extrae rápidamente cada jugo con ayuda de un extractor, después se mezclan perfectamente con los ingredientes restantes con ayuda de una cuchara o licuadora y se da a beber inmediatamente al niño. Se toma una vez al día, o bien se reparte en dos tomas al día y se bebe durante 20 días.

POSTRE
1 rebanada de piña con limón

Heridas

JUGO
¼ de vaso de jugo de alfalfa
¼ de vaso de jugo de zanahoria
⅛ de vaso de jugo de brócoli
¼ de vaso de jugo de limón

Se extrae rápidamente cada jugo con ayuda de un extractor, después se mezclan perfectamente con los ingredientes restantes con ayuda de una cuchara o licuadora y se da a beber inmediatamente al niño. Se toma una vez al día, o bien se reparte en dos tomas al día y se bebe durante 20 días.

JUGO
¾ de vaso de jugo de fresas
¼ de vaso de jugo de mango

Se extrae rápidamente cada jugo con ayuda de un extractor, después se mezclan perfectamente con los ingredientes restantes con ayuda de una cuchara o licuadora y se da a beber inmediatamente al niño. Se toma

una vez al día, o bien se reparte en dos tomas al día y se bebe durante 20 días.

JUGO
½ vaso de jugo de grosellas negras
¼ de vaso de jugo de manzana
¼ de vaso de jugo de frambuesas

Se extrae rápidamente cada jugo con ayuda de un extractor, después se mezclan perfectamente con los ingredientes restantes con ayuda de una cuchara o licuadora y se da a beber inmediatamente al niño. Se toma una vez al día, o bien se reparte en dos tomas al día y se bebe durante 20 días.

POSTRE
1 natilla

Herpes simple

JUGO
¾ de vaso de jugo de fresas
¼ de vaso de jugo de diente de león

Se extrae rápidamente cada jugo con ayuda de un extractor, después se mezclan perfectamente con los

ingredientes restantes con ayuda de una cuchara o licuadora y se da a beber inmediatamente al niño. Se toma una vez al día, o bien se reparte en dos tomas al día y se bebe durante 20 días.

Herpes

JUGO
³/₄ de vaso de jugo de uva
3 cdas. de pasitas

Se extrae rápidamente cada jugo con ayuda de un extractor, después se mezclan perfectamente con los ingredientes restantes con ayuda de una cuchara o licuadora y se da a beber inmediatamente al niño. Se toma una vez al día, o bien se reparte en dos tomas al día y se bebe durante 20 días.

Hígado perezoso

JUGO
³/₄ de vaso de jugo de albaricoques
¹/₄ de vaso de agua mineral
1 cda. de miel

Se extrae rápidamente cada jugo con ayuda de un extractor, después se mezclan perfectamente con los ingredientes restantes con ayuda de una cuchara o licuadora y se da a beber inmediatamente al niño. Se toma una vez al día, o bien se reparte en dos tomas al día y se bebe durante 20 días.

POSTRE
1 rebanada de piña

Hipotermia

JUGO
1 cda. de jugo de rábano picante
1 cda. de jugo de limón

Se extrae rápidamente cada jugo con ayuda de un extractor, después se mezclan perfectamente con los ingredientes restantes con ayuda de una cuchara o licuadora y se da a beber inmediatamente al niño. Se toma una vez al día, o bien se reparte en dos tomas al día y se bebe durante 20 días.

POSTRE
1 mazapán

CAPÍTULO 6

Hongos en las manos y en los pies

JUGO
¼ de vaso de jugo de espinacas
¼ de vaso de jugo de berros
¼ de vaso de jugo de zanahoria
1 cda. de jugo de ajo
2 cdas. de jugo de cebolla

Se extrae rápidamente cada jugo con ayuda de un extractor, después se mezclan perfectamente con los ingredientes restantes con ayuda de una cuchara o licuadora y se da a beber inmediatamente al niño. Se toma una vez al día, o bien se reparte en dos tomas al día y se bebe durante 20 días.

POSTRE
1 dulce de miel

Indigestión

JUGO
½ vaso de jugo de piña
½ vaso de jugo de mango

Se extrae rápidamente cada jugo con ayuda de un extractor, después se mezclan perfectamente con los ingredientes restantes con ayuda de una cuchara o licuadora y se da a beber inmediatamente al niño. Se toma una vez al día, o bien se reparte en dos tomas al día y se bebe durante 20 días.

Infecciones

JUGO
$3/4$ de vaso de jugo de calabaza
$1/4$ de vaso de jugo de zanahoria

Se extrae rápidamente cada jugo con ayuda de un extractor, después se mezclan perfectamente con los ingredientes restantes con ayuda de una cuchara o licuadora y se da a beber inmediatamente al niño. Se toma una vez al día, o bien se reparte en dos tomas al día y se bebe durante 20 días.

Infecciones virales

JUGO
1 vaso de jugo de uvas verdes
2 cdas. de pasitas

Se extrae rápidamente cada jugo con ayuda de un extractor, después se mezclan perfectamente con los ingredientes restantes con ayuda de una cuchara o licuadora y se da a beber inmediatamente al niño. Se toma una vez al día, o bien se reparte en dos tomas al día y se bebe durante 20 días.

Insomnio

JUGO
$\frac{1}{2}$ vaso de jugo de frambuesas
$\frac{1}{2}$ vaso de jugo de naranja

Se extrae rápidamente cada jugo con ayuda de un extractor, después se mezclan perfectamente con los ingredientes restantes con ayuda de una cuchara o licuadora y se da a beber inmediatamente al niño. Se toma una vez al día, o bien se reparte en dos tomas al día y se bebe durante 20 días.

JUGO
$\frac{1}{2}$ vaso de jugo de toronja
$\frac{1}{4}$ de vaso de jugo de guayaba

Se extrae rápidamente cada jugo con ayuda de un extractor, después se mezclan perfectamente con los

ingredientes restantes con ayuda de una cuchara o licuadora y se da a beber inmediatamente al niño. Se toma una vez al día, o bien se reparte en dos tomas al día y se bebe durante 20 días.

Inquietud

JUGO
½ vaso de jugo de apio
¼ de vaso de jugo de zanahoria
¼ de vaso de jugo de acelgas

Se extrae rápidamente cada jugo con ayuda de un extractor, después se mezclan perfectamente con los ingredientes restantes con ayuda de una cuchara o licuadora y se da a beber inmediatamente al niño. Se toma una vez al día, o bien se reparte en dos tomas al día y se bebe durante 20 días.

POSTRE
1 oblea

Lombrices

JUGO

1 cda. de jugo de apio
2 cdas. de semillas de calabaza
½ vaso de agua mineral

Se extrae rápidamente cada jugo con ayuda de un extractor, después se mezclan perfectamente con los ingredientes restantes con ayuda de una cuchara o licuadora y se da a beber inmediatamente al niño. Se toma una vez al día, o bien se reparte en dos tomas al día y se bebe durante 20 días.

POSTRE

15 pepitas

Lupus eritematoso

JUGO

½ vaso de jugo de frambuesas negras y rojas
¼ de vaso de jugo de zanahoria
¼ de vaso de jugo de bayas de saúco

Se extrae rápidamente cada jugo con ayuda de un extractor, después se mezclan perfectamente con los

ingredientes restantes con ayuda de una cuchara o licuadora y se da a beber inmediatamente al niño. Se toma una vez al día, o bien se reparte en dos tomas al día y se bebe durante 20 días.

Mal aliento

JUGO
½ vaso de jugo de manzana
¼ de vaso de jugo de apio
½ cdta. de perejil picado

Se extrae rápidamente cada jugo con ayuda de un extractor, después se mezclan perfectamente con los ingredientes restantes con ayuda de una cuchara o licuadora y se da a beber inmediatamente al niño. Se toma una vez al día, o bien se reparte en dos tomas al día y se bebe durante 20 días.

JUGO
½ vaso de jugo de zanahoria
1 cdta. de perejil picado

Se extrae rápidamente cada jugo con ayuda de un extractor, después se mezclan perfectamente con los ingredientes restantes con ayuda de una cuchara o li-

cuadora y se da a beber inmediatamente al niño. Se toma una vez al día, o bien se reparte en dos tomas al día y se bebe durante 20 días.

POSTRE
2 orejones de manzana

Malaria

JUGO
$\frac{1}{2}$ vaso de jugo de naranja
$\frac{1}{4}$ de vaso de jugo de lima
$\frac{1}{4}$ de vaso de jugo de mandarina

Se extrae rápidamente cada jugo con ayuda de un extractor, después se mezclan perfectamente con los ingredientes restantes con ayuda de una cuchara o licuadora y se da a beber inmediatamente al niño. Se toma una vez al día, o bien se reparte en dos tomas al día y se bebe durante 20 días.

Mentalidad y concentración

JUGO
$\frac{1}{4}$ de vaso de jugo de berros

3/4 de vaso de jugo de pera

Se extrae rápidamente cada jugo con ayuda de un extractor, después se mezclan perfectamente con los ingredientes restantes con ayuda de una cuchara o licuadora y se da a beber inmediatamente al niño. Se toma una vez al día, o bien se reparte en dos tomas al día y se bebe durante 20 días.

JUGO
1/2 vaso de jugo de zanahoria
1/4 de vaso de jugo de espinacas
1/4 de vaso de jugo de apio

Se extrae rápidamente cada jugo con ayuda de un extractor, después se mezclan perfectamente con los ingredientes restantes con ayuda de una cuchara o licuadora y se da a beber inmediatamente al niño. Se toma una vez al día, o bien se reparte en dos tomas al día y se bebe durante 20 días.

POSTRE
2 cdtas. de pinole

Meningitis

JUGO

1 cda. de jugo de ajo
1 cda. de jugo de cebolla
$\frac{1}{4}$ de vaso de jugo de berros

Se extrae rápidamente cada jugo con ayuda de un extractor, después se mezclan perfectamente con los ingredientes restantes con ayuda de una cuchara o licuadora y se da a beber inmediatamente al niño. Se toma una vez al día, o bien se reparte en dos tomas al día y se bebe durante 20 días.

Moco acumulado

JUGO

$\frac{1}{4}$ de vaso de jugo de toronja
$\frac{1}{4}$ de vaso de jugo de lima
$\frac{1}{4}$ de vaso de jugo de naranja
$\frac{1}{4}$ de vaso de jugo de limón

Se extrae rápidamente cada jugo con ayuda de un extractor, después se mezclan perfectamente con los ingredientes restantes con ayuda de una cuchara o licuadora y se da a beber inmediatamente al niño. Se toma

una vez al día, o bien se reparte en dos tomas al día y se bebe durante 20 días.

POSTRE
1 dulce de miel

Nerviosismo

JUGO
½ vaso de jugo de lechuga
¼ de vaso de jugo de guayaba

Se extrae rápidamente cada jugo con ayuda de un extractor, después se mezclan perfectamente con los ingredientes restantes con ayuda de una cuchara o licuadora y se da a beber inmediatamente al niño. Se toma una vez al día, o bien se reparte en dos tomas al día y se bebe durante 20 días.

POSTRE
1 trozo de acitrón

Neumonía

JUGO
$\frac{1}{2}$ vaso de jugo de naranja
$\frac{1}{4}$ de vaso de jugo de berros
$\frac{1}{4}$ de vaso de jugo de nabo

Se extrae rápidamente cada jugo con ayuda de un extractor, después se mezclan perfectamente con los ingredientes restantes con ayuda de una cuchara o licuadora y se da a beber inmediatamente al niño. Se toma una vez al día, o bien se reparte en dos tomas al día y se bebe durante 20 días.

Paperas

JUGO
$\frac{1}{2}$ vaso de jugo de bayas de saúco
1　cda. de miel

Se extrae rápidamente el jugo con ayuda de un extractor, después se mezclan perfectamente con los ingredientes restantes con ayuda de una cuchara o licuadora y se da a beber inmediatamente al niño. Se toma una vez al día, o bien se reparte en dos tomas al día y se bebe durante 20 días.

Pérdida del apetito

JUGO
1/4 de vaso de jugo de zanahoria
1/4 de vaso de jugo de coles de Bruselas
1/4 de vaso de jugo de col morada
1/4 de vaso de jugo de lechuga

Se extrae rápidamente cada jugo con ayuda de un extractor, después se mezclan perfectamente con los ingredientes restantes con ayuda de una cuchara o licuadora y se da a beber inmediatamente al niño. Se toma una vez al día, o bien se reparte en dos tomas al día y se bebe durante 20 días.

JUGO
1 vaso de jugo de jitomate
1 cda. de jugo de lima

Se extrae rápidamente cada jugo con ayuda de un extractor, después se mezclan perfectamente con los ingredientes restantes con ayuda de una cuchara o licuadora y se da a beber inmediatamente al niño. Se toma una vez al día, o bien se reparte en dos tomas al día y se bebe durante 20 días.

POSTRE
1 rebanada de alegría

Piel reseca

JUGO
½ vaso de jugo de manzana
½ vaso de jugo de betabel

Se extrae rápidamente cada jugo con ayuda de un extractor, después se mezclan perfectamente con los ingredientes restantes con ayuda de una cuchara o licuadora y se da a beber inmediatamente al niño. Se toma una vez al día, o bien se reparte en dos tomas al día y se bebe durante 20 días.

POSTRE
1 rebanadita de jalea de chabacano

Problemas en los pulmones

JUGO
¼ de vaso de jugo de lima
¼ de vaso de jugo de naranja
¼ de vaso de jugo de pera

¼ de vaso de jugo de durazno

Se extrae rápidamente cada jugo con ayuda de un extractor, después se mezclan perfectamente con los ingredientes restantes con ayuda de una cuchara o licuadora y se da a beber inmediatamente al niño. Se toma una vez al día, o bien se reparte en dos tomas al día y se bebe durante 20 días.

POSTRE
1 dulce de miel

Psoriasis

JUGO
¼ de vaso de jugo de zanahoria
½ vaso de jugo de apio
⅛ de vaso de jugo de pepino
⅛ de vaso de jugo de acelga

Se extrae rápidamente cada jugo con ayuda de un extractor, después se mezclan perfectamente con los ingredientes restantes con ayuda de una cuchara o licuadora y se da a beber inmediatamente al niño. Se toma una vez al día, o bien se reparte en dos tomas al día y se bebe durante 20 días.

JUGO

$\frac{1}{2}$ vaso de jugo de arándanos

$\frac{1}{4}$ de vaso de jugo de apio

$\frac{1}{4}$ de vaso de jugo de bayas de saúco

Se extrae rápidamente cada jugo con ayuda de un extractor, después se mezclan perfectamente con los ingredientes restantes con ayuda de una cuchara o licuadora y se da a beber inmediatamente al niño. Se toma una vez al día, o bien se reparte en dos tomas al día y se bebe durante 20 días.

Quemaduras

JUGO

$\frac{1}{2}$ vaso de jugo de grosellas

$\frac{1}{4}$ de vaso de jugo de durazno

$\frac{1}{2}$ vaso de jugo de moras

Se extrae rápidamente cada jugo con ayuda de un extractor, después se mezclan perfectamente con los ingredientes restantes con ayuda de una cuchara o licuadora y se da a beber inmediatamente al niño. Se toma una vez al día, o bien se reparte en dos tomas al día y se bebe durante 20 días.

POSTRE
1 oblea

Resfriado

JUGO
½ vaso de jugo de limón
½ vaso de jugo de naranja
3 cdas. de propóleo

Se extrae rápidamente cada jugo con ayuda de un extractor, después se mezclan perfectamente con los ingredientes restantes con ayuda de una cuchara o licuadora y se da a beber inmediatamente al niño. Se toma una vez al día, o bien se reparte en dos tomas al día y se bebe durante 20 días.

JUGO
½ vaso de jugo de kiwi
¼ de vaso de jugo de mango
¼ de vaso de jugo de manzana

Se extrae rápidamente cada jugo con ayuda de un extractor, después se mezclan perfectamente con los ingredientes restantes con ayuda de una cuchara o licuadora y se da a beber inmediatamente al niño. Se toma

una vez al día, o bien se reparte en dos tomas al día y se bebe durante 20 días.

JUGO

½ vaso de jugo de toronja

¼ de vaso de jugo de fresas

½ vaso de jugo de naranja

Se extrae rápidamente cada jugo con ayuda de un extractor, después se mezclan perfectamente con los ingredientes restantes con ayuda de una cuchara o licuadora y se da a beber inmediatamente al niño. Se toma una vez al día, o bien se reparte en dos tomas al día y se bebe durante 20 días.

POSTRE

1 dulce de miel

Sarampión y varicela

JUGO

¼ de vaso de jugo de bayas de saúco

¾ de vaso de jugo de grosellas

Se extrae rápidamente cada jugo con ayuda de un extractor, después se mezclan perfectamente con los

ingredientes restantes con ayuda de una cuchara o licuadora y se da a beber inmediatamente al niño. Se toma una vez al día, o bien se reparte en dos tomas al día y se bebe durante 20 días.

POSTRE
1 limón con coco

Tenia

JUGO
1 vaso de jugo de granada
1 cda. de ajo

Se extrae rápidamente cada jugo con ayuda de un extractor, después se mezclan perfectamente con los ingredientes restantes con ayuda de una cuchara o licuadora y se da a beber inmediatamente al niño. Se toma una vez al día, o bien se reparte en dos tomas al día y se bebe durante 20 días.

Tiroides

JUGO
½ vaso de jugo de rábano picante

1 cda. de algas kelp

Se extrae rápidamente cada jugo con ayuda de un extractor, después se mezclan perfectamente con los ingredientes restantes con ayuda de una cuchara o licuadora y se da a beber inmediatamente al niño. Se toma una vez al día, o bien se reparte en dos tomas al día y se bebe durante 20 días.

Tos

JUGO
$\frac{1}{2}$ vaso de jugo de limón
$\frac{1}{4}$ de vaso de jugo de cebolla
2 cdas. de miel

Se extrae rápidamente cada jugo con ayuda de un extractor, después se mezclan perfectamente con los ingredientes restantes con ayuda de una cuchara o licuadora y se da a beber inmediatamente al niño. Se toma una vez al día, o bien se reparte en dos tomas al día y se bebe durante 20 días.

JUGO
$\frac{1}{2}$ vaso de jugo de mandarina
$\frac{1}{8}$ de vaso de jugo de limón

1 cda. de miel

Se extrae rápidamente cada jugo con ayuda de un extractor, después se mezclan perfectamente con los ingredientes restantes con ayuda de una cuchara o licuadora y se da a beber inmediatamente al niño. Se toma una vez al día, o bien se reparte en dos tomas al día y se bebe durante 20 días.

POSTRE
1 copita de crema de limón

Tos ferina

JUGO
$\frac{1}{4}$ de vaso de jugo de berros
$\frac{1}{4}$ de vaso de jugo de nabo
1 cda. de dátil picado
2 higos

Se extrae rápidamente cada jugo con ayuda de un extractor, después se mezclan perfectamente con los ingredientes restantes con ayuda de una cuchara o licuadora y se da a beber inmediatamente al niño. Se toma una vez al día, o bien se reparte en dos tomas al día y se bebe durante 20 días.

POSTRE
1 pulpa de tamarindo

Tuberculosis

JUGO
½ vaso de jugo de diente de león
¼ de vaso de jugo de berros
¼ de vaso de jugo de nabo

Se extrae rápidamente cada jugo con ayuda de un extractor, después se mezclan perfectamente con los ingredientes restantes con ayuda de una cuchara o licuadora y se da a beber inmediatamente al niño. Se toma una vez al día, o bien se reparte en dos tomas al día y se bebe durante 20 días.

POSTRE
1 copita de chongos zamoranos

Vómito

JUGO
½ vaso de jugo de papaya
½ vaso de jugo de piña

⅛ de vaso de jugo de perejil

Se extrae rápidamente cada jugo con ayuda de un extractor, después se mezclan perfectamente con los ingredientes restantes con ayuda de una cuchara o licuadora y se da a beber inmediatamente al niño. Se toma una vez al día, o bien se reparte en dos tomas al día y se bebe durante 20 días.

JUGO
½ vaso de jugo de naranja
1 cdta. de jengibre recién rallado
½ vaso de agua mineral

Se extrae rápidamente cada jugo con ayuda de un extractor, después se mezclan perfectamente con los ingredientes restantes con ayuda de una cuchara o licuadora y se da a beber inmediatamente al niño. Se toma una vez al día, o bien se reparte en dos tomas al día y se bebe durante 20 días.

7

Jugolandia

Una vez que hemos llegado hasta esta parte del libro nos queda poco camino por recorrer, sin embargo estamos llegando a lo más importante, es decir, el compromiso de acrecentar la salud, afianzar los lazos de unión entre la familia y la imaginación a través de un jugo. Y qué mejor para todo lo anterior que crear un espacio en su cocina para comenzar a descubrir y experimentar nuevas aventuras en el mundo de las frutas y las verduras. Todos alguna vez hemos soñado con visitar un país de fantasía donde salte ante nuestra vista algún personaje divertido y nos convirtamos en los protagonistas de una magnífica historia; aquí una divertida propuesta, conozca junto con sus hijos un mundo delicioso, exótico, mágico, nutritivo y muy saludable: Jugolandia. Sean bienvenidos a la aventura y que conquisten la ¡¡Salud!!, Salud con jugos para niños.

Alegrías y sonrisas

$\frac{1}{2}$ vaso de jugo de papaya
$\frac{1}{4}$ de vaso de jugo de naranja
$\frac{1}{4}$ de vaso de jugo de lima
1 cda. de amaranto

Extraiga el jugo de cada fruta por separado, mezcle todos los ingredientes con ayuda de una cuchara o licuadora y dé a beber al niño inmediatamente.

Consentido

$\frac{1}{2}$ plátano Tabasco
$\frac{1}{4}$ de vaso de jugo de papaya
$\frac{1}{4}$ de vaso de jugo de piña

Extraiga el jugo de cada fruta por separado, mezcle todos los ingredientes con ayuda de una cuchara o licuadora y dé a beber al niño inmediatamente.

Vampirín

$\frac{1}{2}$ vaso de jugo de zanahoria
$\frac{1}{2}$ vaso de jugo de betabel

Extraiga el jugo de cada fruta o vegetal por separado, mezcle todos los ingredientes con ayuda de una cuchara o licuadora y dé a beber al niño inmediatamente.

Brincolín

½ vaso de jugo de manzana
¼ de vaso de jugo de kiwi
½ cda. de jengibre rallado
2 cerezas picadas

Extraiga el jugo de cada fruta por separado, mezcle todos los ingredientes con ayuda de una cuchara o licuadora y dé a beber al niño inmediatamente.

Chapeadito

½ vaso de jugo de durazno
¼ de vaso de jugo de cerezas
¼ de vaso de jugo de piña

Extraiga el jugo de cada fruta por separado, mezcle todos los ingredientes con ayuda de una cuchara o licuadora y dé a beber al niño inmediatamente.

Comiditas

½ vaso de jugo de zanahoria
½ vaso de jugo de manzana
1 chorrito de agua mineral

Extraiga el jugo de cada fruta o vegetal por separado, mezcle todos los ingredientes con ayuda de una cuchara o licuadora y dé a beber al niño inmediatamente.

Trompos

¼ de vaso de jugo de chabacano
¼ de vaso de jugo de mango
¼ de vaso de jugo de naranja
¼ de vaso de jugo de limón

Extraiga el jugo de cada fruta por separado, mezcle todos los ingredientes con ayuda de una cuchara o licuadora y dé a beber al niño inmediatamente.

Marciano

½ vaso de jugo de kiwi
½ vaso de jugo de pera
¼ de manzana picada

Extraiga el jugo de cada fruta por separado, mezcle todos los ingredientes con ayuda de una cuchara o licuadora y dé a beber al niño inmediatamente.

Castillos y dragones

½ vaso de jugo de durazno
½ plátano Tabasco
1 dátil picado
2 cdas. de jugo de limón

Extraiga el jugo de cada fruta por separado, mezcle todos los ingredientes con ayuda de una cuchara o licuadora y dé a beber al niño inmediatamente.

Gestitos

½ vaso de jugo de arándanos
¼ de vaso de jugo de kiwi
¼ de vaso de jugo de piña

Extraiga el jugo de cada fruta por separado, mezcle todos los ingredientes con ayuda de una cuchara o licuadora y dé a beber al niño inmediatamente.

Escondidillas

$\frac{1}{2}$ vaso de yogur
$\frac{1}{4}$ de vaso de jugo de durazno
$\frac{1}{4}$ de vaso de jugo de mango
2 cdas. de cerezas picadas

Extraiga el jugo de cada fruta por separado, mezcle todos los ingredientes con ayuda de una cuchara o licuadora y dé a beber al niño inmediatamente.

Príncipe

$\frac{1}{2}$ vaso de jugo de pera
$\frac{1}{2}$ vaso de jugo de naranja
$\frac{1}{2}$ kiwi picado en cuadros

Extraiga el jugo de cada fruta por separado, mezcle todos los ingredientes con ayuda de una cuchara o licuadora y dé a beber al niño inmediatamente.

Súper héroe

$\frac{1}{4}$ de vaso de jugo de kiwi
$\frac{1}{4}$ de vaso de jugo de piña

¼ de vaso de jugo de papaya
¼ de vaso de jugo de lima

Extraiga el jugo de cada fruta por separado, mezcle todos los ingredientes con ayuda de una cuchara o licuadora y dé a beber al niño inmediatamente.

Yoyo

½ vaso de jugo de chabacanos
¼ de vaso de jugo de manzana
¼ de vaso de jugo de durazno

Extraiga el jugo de cada fruta por separado, mezcle todos los ingredientes con ayuda de una cuchara o licuadora y dé a beber al niño inmediatamente.

Princesa

½ vaso de jugo de fresa
¼ de vaso de jugo de frambuesas
¼ de vaso de jugo de cereza

Extraiga el jugo de cada fruta por separado, mezcle todos los ingredientes con ayuda de una cuchara o licuadora y dé a beber al niño inmediatamente.

Correteadas

½ vaso de jugo de ciruela
¼ de vaso de jugo de limón
¼ de vaso de jugo de mandarina

Extraiga el jugo de cada fruta por separado, mezcle todos los ingredientes con ayuda de una cuchara o licuadora y dé a beber al niño inmediatamente.

Papalote

½ vaso de jugo de ciruela
½ vaso de jugo de manzana

Extraiga el jugo de cada fruta por separado, mezcle todos los ingredientes con ayuda de una cuchara o licuadora y dé a beber al niño inmediatamente.

Matatena

½ vaso de jugo de naranja
¼ de vaso de jugo de manzana
½ manzana picada en cuadros

Extraiga el jugo de cada fruta por separado, mezcle todos los ingredientes con ayuda de una cuchara o licuadora y dé a beber al niño inmediatamente.

Chiquilladas

$\frac{1}{2}$ vaso de jugo de piña
$\frac{1}{2}$ vaso de jugo de uvas verdes

Extraiga el jugo de cada fruta por separado, mezcle todos los ingredientes con ayuda de una cuchara o licuadora y dé a beber al niño inmediatamente.

Juguetón

$\frac{1}{2}$ vaso de jugo de manzana
$\frac{1}{4}$ de vaso de jugo de durazno
$\frac{1}{4}$ de vaso de jugo de cereza

Extraiga el jugo de cada fruta por separado, mezcle todos los ingredientes con ayuda de una cuchara o licuadora y dé a beber al niño inmediatamente.

Adivinanzas

$\frac{1}{4}$ de vaso de jugo de chabacano
$\frac{1}{4}$ de vaso de jugo de fresa
$\frac{1}{4}$ de vaso de jugo de piña
$\frac{1}{4}$ de vaso de jugo de naranja

Extraiga el jugo de cada fruta por separado, mezcle todos los ingredientes con ayuda de una cuchara o licuadora y dé a beber al niño inmediatamente.

Brinca y salta

$\frac{1}{2}$ vaso de jugo de durazno
$\frac{1}{4}$ de vaso de jugo de cerezas
$\frac{1}{4}$ de vaso de jugo de manzana

Extraiga el jugo de cada fruta por separado, mezcle todos los ingredientes con ayuda de una cuchara o licuadora y dé a beber al niño inmediatamente.

Hércules

$\frac{1}{2}$ vaso de jugo de manzana
$\frac{1}{4}$ de vaso de jugo de chabacano

3 uvas picadas
1 cda. de pasitas
1 cda. de semillas de girasol
1 cda. de germen de trigo
1 cda. de coco rallado
1 cda. de vainilla

Extraiga el jugo de cada fruta por separado, mezcle todos los ingredientes con ayuda de una cuchara o licuadora y dé a beber al niño inmediatamente.

Serpientes y escaleras

$\frac{1}{4}$ de vaso de jugo de naranja
$\frac{1}{4}$ de vaso de jugo de lima
$\frac{1}{4}$ de vaso de jugo de chabacano
$\frac{1}{4}$ de vaso de jugo de limón
$\frac{1}{2}$ manzana en triángulos

Extraiga el jugo de cada fruta por separado, mezcle todos los ingredientes con ayuda de una cuchara o licuadora y dé a beber al niño inmediatamente.

Resortera

¼ de vaso de jugo de piña
¼ de vaso de jugo de fresas
¼ de vaso de jugo de manzana
1 durazno en cuadros
3 frambuesas

Extraiga el jugo de cada fruta por separado, mezcle todos los ingredientes con ayuda de una cuchara o licuadora y dé a beber al niño inmediatamente.

Garabato

½ vaso de jugo de naranja
½ plátano Tabasco
1 cda. de miel
1 cda. de nuez

Extraiga el jugo de cada fruta por separado, mezcle todos los ingredientes con ayuda de una cuchara o licuadora y dé a beber al niño inmediatamente.

Muñequita

¹⁄₂ vaso de jugo de manzana
¹⁄₄ de vaso de yogur natural
¹⁄₄ de plátano
1 cda. de almendras picadas
2 dátiles picados
2 higos cristalizados picados

Extraiga el jugo de cada fruta por separado, mezcle todos los ingredientes con ayuda de una cuchara o licuadora y dé a beber al niño inmediatamente.

Arlequín

¹⁄₄ de vaso de jugo de toronja
¹⁄₂ vaso de jugo de zarzamoras
1 chorrito de agua mineral
1 cda. de jugo de limón

Extraiga el jugo de cada fruta por separado, mezcle todos los ingredientes con ayuda de una cuchara o licuadora y dé a beber al niño inmediatamente.

Listones y moños

$\frac{1}{4}$ de vaso de jugo de piña
$\frac{1}{4}$ de vaso de jugo de uvas
$\frac{1}{4}$ de vaso de jugo de mandarina
3 cdas. de pasitas

Extraiga el jugo de cada fruta por separado, mezcle todos los ingredientes con ayuda de una cuchara o licuadora y dé a beber al niño inmediatamente.

Encantados

$\frac{1}{2}$ vaso de jugo de kiwi
$\frac{1}{4}$ de vaso de jugo de naranja
10 fresas cortadas por la mitad

Extraiga el jugo de cada fruta por separado, mezcle todos los ingredientes con ayuda de una cuchara o licuadora y dé a beber al niño inmediatamente.

Ladrones y policías

$\frac{1}{4}$ de vaso de jugo de piña
$\frac{1}{4}$ de vaso de jugo de toronja
$\frac{1}{4}$ de vaso de jugo de naranja

½ mandarina en gajos sin piel
1 cda. de jugo de limón

Extraiga el jugo de cada fruta por separado, mezcle todos los ingredientes con ayuda de una cuchara o licuadora y dé a beber al niño inmediatamente.

Gato

½ vaso de jugo de uva
½ vaso de jugo de mandarina
2 arándanos picados

Extraiga el jugo de cada fruta por separado, mezcle todos los ingredientes con ayuda de una cuchara o licuadora y dé a beber al niño inmediatamente.

Basta, basta

½ vaso de jugo de mango
¼ de vaso de jugo de piña
¼ de vaso de jugo de fresas
¼ de vaso de jugo de naranja

Extraiga el jugo de cada fruta por separado, mezcle todos los ingredientes con ayuda de una cuchara o licuadora y dé a beber al niño inmediatamente.

Timbiriche

½ vaso de jugo de fresas
¼ de vaso de jugo de frambuesas
¼ de vaso de jugo de uvas

Extraiga el jugo de cada fruta por separado, mezcle todos los ingredientes con ayuda de una cuchara o licuadora y dé a beber al niño inmediatamente.

Correteadas

¼ de vaso de jugo de toronja
¼ de vaso de jugo de lima
¼ de vaso de jugo de uva
¼ de vaso de jugo de piña
ralladura de limón
2 gajos de naranja sin piel

Extraiga el jugo de cada fruta por separado, mezcle todos los ingredientes con ayuda de una cuchara o licuadora y dé a beber al niño inmediatamente.

8

Desde Besitos hasta Trompadas

En este caso no hablaré precisamente de ser muy cariñosos o muy agresivos con los niños, sino más bien de nuestros dulces tradicionales, o mejor dicho, los dulces naturales que nuestros abuelos disfrutaron y que, para fortuna de algunos de nosotros, crecimos acompañados de ellos, tales como los besitos, cocadas, coquitos, jamoncillos, viejitos, borrachos, trompadas, piedras, orejones, ponteduros, tarugos, charamuscas, etcétera; si ésos eran los nombres tan directos y reflejo de su efecto sobre nuestro paladar, es curioso que actualmente a los niños se les llene la boca con dulces y golosinas sintéticos con nombres como X-C, Acipicagoma, Candy power, etcétera, que son más plástico que la envoltura; que parecen más preparados en un matraz de laboratorio que en una cazuela de cocina; cuyos colores fosforescentes brillan en la oscuridad (sólo imaginen que si dejan la lengua de color azul por comerlos, cómo debe de verse el estómago), colores que son más producto de una mezcla de pigmentos industriales que de pigmentos naturales como los que posee una naranja o fresa; finalmente, dulces y golosinas tan industriales al igual que los jugos y refrescos mencionados anteriormente, quienes en conjunto van minando poco a poco la salud no sólo de nosotros mismos, sino también de nuestros pequeños, porque están repletos de azúcares sintéticos, benzoato de sodio para conservarlos, harinas blancas para dar cuerpo a la mezcla, verdaderas bombas que lo único que hacen es destruir la placa que recubre los dientes y transportar en la sangre más químicos con el fin de aumentar las reservas de sustancias tóxicas en su saturado cuerpo y que finalmente se acumulan en las arterias, lo que incluso provoca la formación de enfermedades crónico-degenerativas como cáncer, diabetes, colesterol, artritis, entre otras.

Y pensar que uno mismo los compra y se lleva a la boca verdaderas ligas; la única diferencia con los dulces es que éstas sí son útiles y los dulces, todo lo contrario, ya que muchos de ellos están hechos con sustancias que ni la Secretaría de Salud conoce, pero lo más grave de todo es que los padres y las madres los dan al niño para que coma

y no dé guerra, "al fin al rato come", así se la llevan hasta darse cuenta de que el niño no quiere
comer lo que se le prepara: sopa instantánea de
harina con agua, un *sandwich* con pan de caja y
una microrrebanada de algún embutido, jugo o refresco naturalmente de agua pintada, y de postre
un dulce intergaláctico Acipicagoma, ¡caramba!,
esto no es ni siquiera comida, es un triste intento
de llenarles el estómago por falta de tiempo y dinero, sin pensar que preparar una sabrosa sopa de
setas, ensalada de manzana y apio, croquetas de
atún, agua de horchata y una rebanada de piña
como postre no les lleva más de una hora, y sobre
todo que gastarán mucho menos dinero que el que
pagan por los honorarios del médico y el hospital
porque el niño no quiere comer más que dulces,
frituras y pastelillos, pero la mayor culpa no la tiene el niño, sino los padres por permitir que los
consuman. Así entonces, como padres debemos
mantener la cordura ante la decisión de darles un
tormento de comida con un dulce industrializado
como premio, o bien el de permitirles el placer de
comer saludablemente y como dulce acompañan-
te un jugo de frutas y un delicioso postre preparado en casa, a sabiendas de que la última opción es
la más viable para tener niños y jóvenes más alegres, fuertes y sanos.

Y como la gran riqueza de frutas y verduras que poseemos en América permite realizar una infinidad de combinaciones para preparar no sólo jugos y platillos deliciosos, sino también exquisitos postres, desde los más sencillos hasta los más elaborados, desde los más dulces hasta los más agridulces, pero no por ello menos sabrosos, qué mejor manera de mantenerse saludable que con dulces y postres hechos con nuestras propias manos e ingenio. Aquí un premio adicional a este libro, una lista de dulces y postres tradicionales para degustar por el paladar de los padres, adolescentes y niños que se preocupan por elogiar y conservar su salud, así como conocer sus dulces raíces. Las recetas las pueden encontrar en libros como el *Mundo vegetariano* o *Cocina naturista para niños* del doctor Abel Cruz, o bien libros sobre dulces y confitería tradicional.

1. Acitrones
2. Alegrías
3. Alfajores
4. Alfeñiques
5. Arroz con leche
6. Ate de guayaba o pitahaya
7. Batidillo
8. Besitos bocados
9. Bigotes de bien-me-sabe

10. Biznagas cubiertas
11. Bollitos de plátano
12. Borrachos
13. Buñuelos con miel de piloncillo y guayaba
14. Cabellitos de ángel
15. Cajetas
16. Calabaza de Castilla en dulce
17. Camote enmielado
18. Camotes
19. Canelones
20. Capirotada
21. Caramelo de pasas
22. Cocadas
23. Cochinitos
24. Colaciones
25. Compotas
26. Condes
27. Conservas de frutas
28. Crema de limón
29. Cuajada fronteriza
30. Chancaquillas
31. Charamuscas
32. Chimango
33. Chimbos
34. Chongos zamoranos
35. Dulces de frutas
36. Dulces de miel

37. Dulces de queso
38. Duquesas de clara de huevo
39. Empanadas de ate
40. Envinado de coco
41. Frutas en almíbar
42. Frutas y verduras cristalizadas
43. Gaznates
44. Garapachos
45. Gordas de cuajada
46. Gorditas de piloncillo
47. Greñudas
48. Hojarascas
49. Huevos reales
50. Jalea de chabacanos
51. Jalea de semilla de membrillo
52. Jaleas
53. Jamoncillos
54. Lechitas
55. Mamones
56. Manácata
57. Manzanas al horno
58. Marquesotes
59. Mazapán
60. Merengues
61. Mermelada de higo y de durazno
62. Mermelada de mamey
63. Mermelada de manzanas

64. Mezcal tamal
65. Mezquitamales
66. Morelianas
67. Mosaicos
68. Mostachones
69. Muéganos
70. Natillas
71. Nieves
72. Novias
73. Obleas
74. Orejones de frutas
75. Palanqueta
76. Panochitas de leche
77. Pasta de almendras
78. Pemoles de Altamira
79. Pepitorias
80. Pernate
81. Pinole
82. Ponteduro
83. Postre de castaña
84. Postre de mamey
85. Puchas
86. Pulpa de tamarindo
87. Queso de tuna
88. Regañadas
89. Reinas
90. Rollos de guayaba, tamarindo y arrayán

91. Soletas
92. Sopaipilla
93. Tamales dulces
94. Tortillas de harina dulces
95. Torrejas en almíbar
96. Trompadas
97. Turrón de fresa
98. Turuletas
99. Viejitos de Lerdo
100. Vinitos

Cuando decidan ofrecer a sus hijos estas opciones procuren que los dulces cristalizados se mantengan en agua al menos un rato para reducir 40 por ciento del azúcar con que fueron preparados para darles esa consistencia. Y después de haber disfrutado de estos elogios del dulce, es recomendable que se mastique una manzana para ayudar a retirar los azúcares y residuos que se hayan atorado entre las muelas y dientes; a los diez minutos de terminar de masticarla es necesario cepillarse los dientes, en conjunto un ritual que premia con salud. Es importante recordar que no se coman dulces al menos una hora antes de la comida porque se desperdician aminoácidos y enzimas necesarios para la digestión de los alimentos y que puede tomarse sólo un dulce o refresco por semana.

9

A, B, C... ¡¡Basta, basta!!

Cuántas veces nos emocionamos recordando como padres nuestros juegos de niños o adolescentes: matatena, cebollitas, listones, encantados, escondidillas, tacón, trompo, yoyo, el lobo, lotería, serpientes y escaleras, basta, timbiriche, correteadas, tantos y tantos juegos que permitían la sana convivencia y el estímulo de la imaginación, que sólo de pensarlos se nos ilumina la sonrisa y hasta cerramos los ojos para tomar un poco de aire imaginario de esa vida tan divertida y sana que vivimos; no obstante, ahora ¿a qué juegan nuestros hijos?, el gran pero de esta época, hemos permitido, al igual que con los jugos, refrescos y golosinas, que se imponga la moda de los *juegos sintéticos* para divertirse, aquí también se han olvidado que cada uno de esos juegos hipervirtuales dañan indudablemente la salud familiar y la economía porque para jugarlos es necesario gastar cantidades exorbitantes; que dichos juegos sólo tienen como fin enseñar a matar de verdad; que cada vez contienen mayor violencia; que destruyen valores familiares por la enajenación que se experimenta, etcétera; por favor, ¡basta, basta!, estos juegos y actividades no son sanos porque lo único que se hace es realizar los mismos movimientos de un dedo y ojo (con el posible riesgo de desarrollar carnosidad, ceguera, fractura de huesos, tendones y ligamentos); cierto, están atentos, pero metidos en un mundo en donde si no existiera la energía, simplemente se esfumarían. No olvidemos también las películas, series, caricaturas, etcétera, que también entran dentro del mundo de la diversión mala que se vive y se debe afrontar como parte del mundo en que vivimos, pero, ¿entonces en donde queda la sana diversión y la motivación a la imaginación?, todos, absolutamente todos han olvidado que al igual que la alimentación en nuestros hijos, el juego es una de las principales motivaciones para el buen desarrollo físico y motor, y que si se limitan sus años de infancia a permanecer horas y horas sentados frente a un monitor, imaginen qué niños tan ágiles serán, bueno, una tortuga llegará más rápido a la meta, y muchos dirán: "bueno, es que en la escuela los niños corren mucho y juegan", ¿acaso se olvidan que le compraron a sus hijos su *bebé electrónico japonés* que pide de comer y que le deben dar amor porque si no se muere, así como su juego electrónico Trix en donde los niños están sentados moviendo botones y perdiendo lo mejor de su infancia: la diversión, la salud y la imaginación?

Bien, con este capítulo se anexa otro ingrediente del cóctel mortal de la vida moderna: jugos sintéticos, refrescos sintéticos, dulces sintéticos, y el ingrediente final, los juegos sintéticos, una bomba más para terminar de aniquilar la salud, y como la intención que tiene este libro es todo lo contrario, es por eso que hago una referencia de este tema para que tomen conciencia de que como padres mucha culpa hemos tenido por fomentar también el consumo de este tipo de productos. Recuerden que cuando ni la televisión, ni los juegos electrónicos se habían inventado y la radio estaba en su apogeo, los niños disfrutaban de su tiempo jugando con sus amigos en la calle o en el jardín, trepaban árboles, construían sus propios juguetes, perseguían el vuelo de las aves, contaban historias que habían escuchado de sus abuelos, en fin, ahora los niños ven la televisión y juegan de manera increíble con horarios específicos e inician con una puntualidad su ritual de juego sintético que asombra porque no aplican esta regla a ninguna otra de sus actividades, bueno, ya ni Drácula o Frankestein les asusta porque saben que son personajes de ficción, sin embargo sus personajes de los juegos o de la televisión sí pueden ser reales porque pueden incluso ser como ellos, es decir, tener la cara de niño pero el cuerpo, el pensamiento e incluso las actividades sexuales de un hombre, de un dios, de un ser espacial, y conseguir ser mitad hombre y mitad mujer, o bien cambiar de un sexo a otro con sólo mojarse con agua, es verdaderamente aterrador si pensamos que en un futuro serán adultos y con esas enseñanzas, bueno, para qué les platico la clase de seres humanos que serán estos pequeños niños que aprenden todo lo que se les ponga en el monitor, por favor vigilen y protejan de un futuro amenazador a sus hijos: enfermedades físicas y psicológicas.

Antes de proseguir, quiero enfatizar que aunque sus hijos ingieran jugos, refrescos y dulces naturales, traten de evitar que "jueguen sintéticamente" tantas horas frente a un monitor, ya que uno de los efectos de las radiaciones que recibe el cuerpo pueden propiciar la aparición temprana de enfermedades crónico-degenerativas como el cáncer.

Pero ¿a quién no le gustaría que su hijo o hija fuera una persona sana, activa, alegre, productiva y sociable?; piensen un poquito en qué actividades se necesitan para que los niños se comporten así, nada más y nada menos que el juego, el deporte y el ejercicio físico, pero si creen que son los únicos beneficios que obtiene un niño si lo practica y se convierte en un

gran niño activo y deportista, créanme, ellos obten-
drán más de lo que se imaginan tal como lo veremos
más adelante, pero antes de proseguir quiero enfatizar
la necesidad de motivar a los niños desde pequenos y
de educarlos con el ejemplo, porque es muy fácil de-
cirle: "practica ejercicio, no veas tanta televisión", pero
si a nosotros nos ven sentados frente al monitor o que
nos quedamos sentados viéndolos sólo pasar, los niños
se sentirán defraudados y sin ganas porque ni siquiera sus padres lo practican.

Una manera muy sencilla de fomentar en los niños la práctica del ejercicio consiste en que desde muy
pequeños comiencen a cultivar una afición por el deporte mediante el juego en donde el respeto por las
reglas del mismo les permitirán desarrollar virtudes
como la convivencia, el aprendizaje, la obediencia, la
sinceridad, hábitos como la competitividad sana y un
sinfín de actitudes positivas tan sólo porque el juego y
el deporte en conjunto son un elemento importante
dentro de la convivencia familiar, sobre todo cuando
se comparten aficiones y diversiones; además, es también una excelente forma de enseñar a los niños a
utilizar el tiempo libre que les sobre después de cumplir con sus obligaciones.

Así entonces, practicar ejercicio y jugar un rato
con los hijos no sólo mejora la salud y aumenta la
autoestima personal o familiar, sino que también se

logra mantener siempre presente la superación personal; se crea compañerismo, pues se aprende a valorar el mérito de los demás compañeros que le acompañen en la práctica; enseñan incluso a valorar los esfuerzos propios y a aprender a admitir que se cometió una equivocación o incluso a aceptar la derrota; como vemos, todo esto en combinación otorga a los niños, e incluso a nosotros como padres, las llaves que abren las puertas de la vida, es decir, "la salud, el trabajo y la felicidad" necesarias todas ellas para disfrutar este andar de la vida diaria.

Para convencerlos más todavía acerca de los beneficios que otorga la estimulación temprana por el deporte, el juego y la práctica de ejercicios de repetición, les puedo decir que al igual que levantar pesas para desarrollar la musculatura, el cerebro también puede "crecer" porque se implica la concentración, el razonamiento y la coordinación de ciertos nervios y otras partes del cuerpo, por ejemplo, brincar, saltar, correr, girar, etcétera.

También la práctica del juego combinado con ejercicio fomenta el desarrollo intelectual, favorece el ejercicio motriz, por ejemplo, cuando los niños son muy pequeños necesitan desarrollar los órganos de su cuerpo y para ello realizan mucho movimiento y gateo, sí, esta actividad divertida, aunque se tengan ya unos años para realizarla, permite que los canales cerebrales se desarrollen completamente para que después pueda llevar a cabo tareas más difíciles, como tomar una cuchara o incluso tocarse con facilidad la nariz, por lo tanto, el juego y el ejercicio combinados son una actividad muy importante para conseguir que nuestros hijos se desarrollen armónicamente primero en nuestra casa y después salgan a enfrentarse al mundo y logren ganar todas las batallas que les toque enfrentar.

Bien, comencemos desde hoy a invitar a nuestros hijos a practicar un poco de sano ejercicio o algún deporte; muchos dirán que no tienen tiempo; sin embargo aun cuando se pasea con la familia se puede practicar un poco de ejercicio sin notarlo, por ejemplo, "pasear aprendiendo y aprender paseando", suena raro, pero pasear implica caminar y realizar un esfuerzo físico, también es una manera de mantener en forma nuestra "mente" ya que al caminar podemos fijarnos en las formas y detalles del ambiente, así como continuar desarrollando la curiosidad intelectual y la capacidad de análisis.

Tan sólo un tiempo diario dedicado a ejercicios de repetición, gatear, nadar, arrastrarse, subir y bajar escalones, caminar a pasos grandes permite a los niños afianzar y fijar los lazos de unión entre su familia, así como reafirmar el aprendizaje, pero lo más importante es que verán que sus hijos son niños fuertes, felices, sanos, alegres, productivos y sociables. También actividades como caminar, correr, saltar y andar en bicicleta son excelentes ejercicios para mejorar la coordinación, las reacciones del cerebro y la velocidad de la visión.

Hemos dicho que dentro de las actividades deportivas que los niños pueden practicar después de clases les pueden ofrecer muchas ventajas físicas y mentales, ya que de ellas se obtiene la conciencia de la disciplina y la responsabilidad, así como la concentración, lo que redituará una gran mejoría en su rendimiento escolar y en su salud; sin embargo muchas veces como padres no sabemos qué actividad deportiva les convenga a nuestros niños porque son muy tímidos, gordos, altos, diabéticos, etcétera; afortunadamente, para cada niño siempre hay una actividad que les puede ayudar a relacionarse y en donde su apariencia física sea aprovechada; aquí unas sugerencias de deportes infantiles que pueden practicar los niños de entre 6 y 12 años:

🖖 Las niñas muy altas para su edad pueden practicar baloncesto y voleibol, su estatura será muy apreciada en el equipo y dejarán atrás el posible complejo por haber crecido más que sus compañeras.

🖖 Los niños gorditos pueden practicar futbol americano, este deporte requiere jugadores corpulentos para determinados puestos, sus complejos se alejarán y se sentirán muy útiles. Otra actividad que se recomienda para los niños muy gorditos es la natación y el ciclismo.

Los niños diabéticos insulino-dependientes deben practicar ejercicio físico como los deportes de resistencia, especialmente la caminata, el ciclismo o la natación. Aunque en todo caso es necesario aconsejar que sean deportes que no impliquen muchas variaciones en la intensidad, ya que si no sería difícil adaptar su dosificación de insulina.

Los niños asmáticos deben evitar practicar la equitación —por el polvo—, el patinaje artístico— por el aire frío— y el buceo o esnorqueleo, lo que sí pueden practicar es la natación, sobre todo porque es un deporte en que se aprende a controlar la respiración.

Los niños bajitos pueden practicar cualquier tipo de deporte, incluso el basquetbol, que se caracteriza por sus jugadores gigantes, pero si su estatura los acompleja pueden acudir a practicar *tae kwan do* o *judo*, sobre todo porque son deportes en donde se aprende a utilizar de forma positiva la fuerza de los adversarios, sin necesidad de echar de menos la falta de estatura.

Los niños muy agresivos pueden aprovechar su fuerza y energía para practicar deportes de confrontación como la esgrima o el boxeo, ya que en éstos se enseña a canalizar la agresividad, expresándola y exteriorizándola en un entorno definido, ya que se respetan reglas, además de que existe un árbitro vigilándolos. Estos duelos evitan que el niño dirija su agresividad hacia sí mismo o hacia otras personas.

✤ Los niños tímidos deben practicar deportes colectivos como el basquetbol o el futbol, con estas disciplinas se podrán integrar a un equipo y sentirse parte importante del buen funcionamiento de éste, así como hacer amigos fuera de su círculo familiar.

✤ Las niñas introvertidas o que se aíslan y que viven dentro de sí mismas pueden practicar el atletismo, la natación, la equitación u otros deportes individuales, principalmente para comprobar su resistencia al esfuerzo y descubrir a la vez sus límites y capacidades.

✤ Los niños que se hacen notar constantemente pueden practicar basquetbol o tenis para lucirse, pero sobre todo para gastar sanamente sus energías.

Todos los deportes anteriores son muy sanos y practicarlos no es muy costoso, pero si parece que a su hijo no le gusta el deporte, no se preocupe, puede comprarle una bicicleta, patines, patineta, patín del diablo, avalancha o una cuerda para saltar, y sin darse cuenta el niño estará ejercitando su cuerpo.

Otra excelente opción es acudir los fines de semana con los niños a un parque para jugar en los volantines, la resbaladilla, el sube y baja, el pasamanos; también pueden aprovechar que una vez por semana se reúnan en familia o con los vecinos para competir con juegos como serpientes y escaleras, timbiriche, gato, basta, etcétera. Espero que con esta experiencia terminen por reafirmar que la salud y los lazos de unión entre la familia son lo más importante para la vida y que se pueden mantener sin gastar sus quincenas completas en *juegos sintéticos*. También espero que recuerden que todos llevamos dentro un niño juguetón que pide a gritos un poco de sana diversión.

10

Comentario final

Terminar de leer un libro es y será siempre como experimentar una sensación de haber cumplido una tarea de la que debemos dejar constancia; considero que ésa es precisamente la obligación de cada uno de ustedes, es decir, llevar a cabo la práctica del conocimiento en beneficio de sus hijos o de cualquiera que lo necesite, brindar la información y la ayuda que en este pequeño libro han encontrado, estoy seguro que al aplicarla en los casos que están indicados podrán ser de valiosa ayuda para la salud y de formación nutricional de ustedes y de sus hijos, que al final de la historia es lo que todos deseamos.

Como se habrán dado cuenta, todas las combinaciones que ustedes encontraron en este libro son realmente deliciosas, pues ésa es la idea, conquistar el paladar de sus hijos para que ellos se acostumbren a tomar jugos en lugar de las famosas pastillas que sí curan, pero que ojalá no se abusara de ellas como sucede en la actualidad.

Debemos pensar en una sociedad más natural, en donde los valores principales sean precisamente los que nos orienten a conservar nuestra salud y las reglas morales que ello conlleva.

Quizás para muchos de ustedes este pequeño manual esté incompleto porque no se mencionan algunas enfermedades, pero recuerden que se citan algunas de las enfermedades más comunes, y créanme que los consejos que damos en este libro han sido aplicados en los miles de pacientes que han acudido a nuestros consultorios en todos estos años de práctica profesional, así entonces, créanme que lo hemos escrito con la ilusión de que no solamente mejoren los pacientes, sino también quienes no tenemos el privilegio de conocer, porque cuando escuchamos que tal o cual persona llevó a cabo un remedio que recomendamos en los diferentes libros que hemos escrito nos sentimos orgullosos de haber cooperado, aunque sea de manera modesta, a la conservación de la salud en general, pues ésa es precisamente la obligación de todos los seres humanos, servir a nuestros semejantes sin compromiso y sin medida, servir a todos es la idea principal de todas estas publicaciones, porque así como nosotros ponemos éstas a su disposición, hay muchas más que leemos en lo personal para aprender y llevar hasta ustedes un mejor mensaje y por qué no decirlo, enriquecido con nuestras experiencias.

Así que ojalá la lectura de este libro abra la ventana para que muchos de ustedes aprendan que la alimentación natural es resquicio que en muchas ocasiones no encontramos y, por lo tanto, intoxicamos nuestros cuerpos de manera equivocada, aunque también por ignorancia y, por qué no decirlo, por la necedad de considerar que los alimentos solamente cumplen una función nutricional, sin ponernos a pensar que estos alimentos cumplen todas las funciones para desempeñar el cargo meritorio de soldados de nuestra salud, vigilantes diarios de las funciones de nuestro cuerpo.

Considero que cada uno de nosotros siempre tendrá como función principal en la vida ser guardianes constantes de la vida, aunque suene a pleonasmo, seres capaces de aprender para enseñar y modificar la conducta de los demás en beneficio propio, pero también de sus semejantes; los grandes hombres de todos los tiempos se han ganado la estima de sus conciudadanos precisamente por los cambios y la ayuda que han brindado para el beneficio de la humanidad.

Recuerden que en la naturaleza encontrarán el cambio que ustedes buscan, que en la naturaleza encontrarán ese aliado que siempre será el sostén contra las enfermedades más agresivas que pueden imaginarse. Ojalá que este libro cumpla las expectativas por las que fue escrito, y llene ese hueco que en muchas ocasiones falta al pensar que nuestros hijos solamente deberán depender de la medicina química o de las hierbas o la medicina homeópata, sino que pueda ayudarnos a formar nuestra mente pensando que existen otras alternativas totalmente eficaces que nos van a permitir conservar y acrecentar la calidad de vida, tan sólo por consumirlas.

Las vitaminas, minerales y oligoelementos que contienen los jugos que aquí recomiendo son de primerísima calidad, son elementos que fueron extraídos de un hábitat natural del que difícilmente saldrán alimentos o elementos que intoxiquen el organismo, al contrario, son elementos que van a reintegrarse en el cuerpo para dar vida a nuevas células, para dar vida a la sangre misma que llevará vida a otras células; permitámosle a esta sabia naturaleza ayudarnos de manera sana a encontrar ese camino de salud al que tenemos derecho.

Estamos seguros de que la alternativa que proponemos es la correcta, pues tenemos la convicción de que siempre será la forma más práctica de alcanzar la salud mediante pasos tan sencillos como respetar las reglas higiénico-dietéticas mínimas que nos van a permitir convivir libremente con nuestro entorno y dar lo mejor de nosotros mismos. Recuerden que en el conocimiento va la semilla de la sabiduría y de la autovalía, un conocimiento llevado a la práctica siempre será el mejor camino hacia la inmortalidad; seamos, pues, inmortales a través de una herencia que nos permita alcanzar las metas deseadas.

Quisiera terminar este libro como lo comencé, como un sueño:

Un sueño donde el participante es usted, desde que nació, y en el cual durante toda su vida hasta ahora ha logrado disfrutar todas las etapas de su vida, ha disfrutado el frío, el calor, la tristeza, la alegría, el hambre y la gula, el cariño y el desprecio que en ocasiones sentimos, un estado de vida que han logrado infundirnos los seres que nos rodean y que a través de una salud adecuada y de una alimentación sana podemos disfrutar a plenitud, podemos corretear en el jardín sin quejarnos de algo y la andadera que alguna vez utilizaron nuestros padres solamente nos sirve para jugar con ella y no se convirtió en el sueño terrible de usarla por padecer alguna enfermedad.

Bienvenidos, pues, al sueño de los niños sanos, de los niños que disfrutan a diario su vida y que son capaces de berrear por gusto, que son capaces de realizar las diabluras que se les antojan, con el conocimiento pleno de que lo pueden hacer, ése es precisamente el sueño que queremos que se realice en el cuerpo y en la mente de todos aquellos que desean ser sanos, de todos aquellos que quieren realizar la vida plena a la que todos tenemos derecho. Por lo tanto, sean bienvenidos al mundo real de la vida y la salud, al mundo en donde solamente nos importe disfrutar de la vida y gozarla y jamás padecerla, es decir, *bienvenidos a mi mundo naturista*.

Para finalizar, quiero agradecer como siempre la colaboración de *Claudia Granados Alquicira*, a todos mis *pacientes* y principalmente a nuestros amigos de *Selector* que hacen posible que esta información llegue a sus manos, pero se me olvidaba la parte más importante, *ustedes* que con el apoyo que nos brindan al adquirir estos libros fomentan la aparición de más títulos, léanlos con el interés que les despierte su vida, con la alegría que da saber que cada día seremos más capaces de conservar la vida de manera más sencilla y más saludable, es decir, mediante las normas que la madre naturaleza nos brinda: utilizando lo que ella nos da al ciento por ciento.

Bienvenidos a mi mundo naturista, al mundo naturista del doctor Abel Cruz.

Las cosas valiosas
que resultan de la vanidad decrecen,
pero el que junta con las manos
es el que logra aumento.

Proverbios cap. 13 vers. 11

Con amor infinito a mis hermanos.

Doctor Abel Cruz

Esta edición se imprimió en Diciembre de 2004. Acabados Editoriales
Tauro. Margarita No. 84 Col. Los Ángeles Iztapalapa México, D.F.